大家小书

训诂简论

陆宗达 著

北京出版集团公司
北京出版社

图书在版编目（CIP）数据

训诂简论／陆宗达著. — 北京：北京出版社，2016. 7(2024.5重印)
（大家小书）
ISBN 978 - 7 - 200 - 12290 - 9

Ⅰ. ①训… Ⅱ. ①陆… Ⅲ. ①训诂—概论 Ⅳ. ①H13

中国版本图书馆 CIP 数据核字(2016)第 160679 号

总策划：安 东 高立志　　责任编辑：高立志 熊立章

·大家小书·
训诂简论
XUNGU JIANLUN
陆宗达 著
*
北 京 出 版 集 团 公 司
北 京 出 版 社 出版
（北京北三环中路 6 号）
邮政编码：100120

网 址：www.bph.com.cn
北京出版集团公司总发行
新 华 书 店 经 销
北京华联印刷有限公司印刷
*
880 毫米×1230 毫米 32 开本 6.75 印张 88 千字
2016 年 7 月第 1 版 2024 年 5 月第 6 次印刷

ISBN 978 - 7 - 200 - 12290 - 9
定价：36.00 元
质量监督电话：010 - 58572393

总　　序

袁行霈

“大家小书”，是一个很俏皮的名称。此所谓“大家”，包括两方面的含义：一、书的作者是大家；二、书是写给大家看的，是大家的读物。所谓“小书”者，只是就其篇幅而言，篇幅显得小一些罢了。若论学术性则不但不轻，有些倒是相当重。其实，篇幅大小也是相对的，一部书十万字，在今天的印刷条件下，似乎算小书，若在老子、孔子的时代，又何尝就小呢？

编辑这套丛书，有一个用意就是节省读者的时间，让读者在较短的时间内获得较多的知识。在信息爆炸的时代，人们要学的东西太多了。补习，遂成为经常的需要。如果不善于补习，东抓一把，西抓一把，今天补这，明天补那，效果未必很好。如果把读书当成吃补药，还会失去读书时应有的那份从容和快乐。这套丛书每本的篇幅都小，读者即使细细地阅读慢慢地体味，也花不了多少时间，可以充分享受读书的乐趣。如果把它们当成补药来吃也行，剂量小，吃起来方便，消化起来也容易。

我们还有一个用意，就是想做一点文化积累的工作。把那些经过时间考验的、读者认同的著作，搜集到一起印刷出版，使之不至于泯没。有些书曾经畅销一时，但现在已经不容易得到；有些书当时或许没有引起很多人注意，但时间证明它们价值不菲。这两类书都需要挖掘出来，让它们重现光芒。科技类的图书偏重实用，一过时就不会有太多读者了，除了研究科技史的人还要用到之外。人文科学则不然，有许多书是常读常新的。然而，这套丛书也不都是旧书的重版，我们也想请一些著名的学者新写一些学术性和普及性兼备的小书，以满足读者日益增长的需求。

“大家小书”的开本不大，读者可以揣进衣兜里，随时随地掏出来读上几页。在路边等人的时候，在排队买戏票的时候，在车上、在公园里，都可以读。这样的读者多了，会为社会增添一些文化的色彩和学习的气氛，岂不是一件好事吗？

“大家小书”出版在即，出版社同志命我撰序说明原委。既然这套丛书标示书之小，序言当然也应以短小为宜。该说的都说了，就此搁笔吧。

《训诂简论》再版前言

王　宁

2000年，教育部中文教学指导委员会确定了给高校中文系本科生的推荐书目，共推荐了100本书，其中50本属于重点推荐。在语言学重点推荐的书目里，训诂学方面，推荐了陆宗达先生的《训诂简论》。20世纪一百年以来，特别是自70年代末训诂学从断裂到复生以来，各个学校编写的训诂学教材和通论大约有五六十种，为什么单单要推荐《训诂简论》一本书呢?这需要从1949年前后的训诂学研究和发展的历史说起。

20世纪初，中国备受列强欺侮，许多爱国学者以学习西方先进科技为富国之道，从而走向对中国传统文化提出全面怀疑和否定，影响了近一个世纪的国学研究。但是，在章太炎先生提出中国语言文字学这一名称，并将学科的内涵确立为文字、音韵、训诂三科以后，当时各个高等学校的国文系有相当一部分在开设文字学和音韵学的同时也开设训诂学课程。黄季刚、沈兼士等著名的国学家，都为建设训诂学作过巨大贡献。首次建立了训诂学理论体系的《文字声韵训诂学笔记》，就是黄季刚先生在南京讲授语言文字学的笔记，由黄焯先生整理出版的。40年代出版的齐佩瑢的《训诂学概论》，也是在30—40年代北京大学讲课基础上整理的。训诂学的真正断裂，是在50年代以后。高等学校不再设置这门课了，对于训诂学的传承也就中断了，社会上也就很少有人知道“训诂”这个名称，“训诂”被误称、误印为“训话”者，往往有之。直到80年代初，这门课才重新返回高校课堂。幸亏它的中断仅在30年左右，一批“小学”功底很强的教授还留在高校，他们虽然也饱经忧患，但振兴中华文化的决心矢志不移，有了他们，训诂学的复生没有费多大力气。仔细想来，继承和重建中国固有的语言文字学，只有文字学、音韵学而没有以研究意义为中心的训诂学，不但是不全面的，而且缺的是它的核心部分；因为中国传统语言文字学一直是以语义的研究为出发点，又以语义的研究为落脚点的。改革开放的中国在学习世界先进科技文化的同时，对许多问题进行了反思，进一步认识了东西方文化的互补性和世界文化多元化价值取向，学者们又提出了重视建设中国本体文化即传统文化的问题。站在新的历史高度审视如何继承和发展中国传统文化，以使它更好地为现代化建设服务，更好地走向世界，是学术界关注的重要课题。训诂学在继续发展的道路上遇到的障碍会相对减少，但是，使它得到面向现代、面向世界的正常发展，还是要有一批有识有志之士，耐得了冷落和寂寞，付出耐力和智慧，坚守在这个阵地上做许多实实在在的事情。

在大家更深刻地认识到训诂学重要性的时候，陆宗达先生的《训诂简论》在当代推动训诂学的作用，是不应当被忘记的。1957年，在训诂学离开高校八年以后，陆宗达先生在《中国语文》上发表了《谈一谈训诂学》一文，用非常简洁和准确的语言，向语言学界介绍了已经快要被遗忘的中国传统训诂学。60年代初，吴晗同志请他担任《语文小丛书》的编委，并邀请他为小丛书撰稿，陆宗达先生对吴晗同志说："我希望小丛书更多的讲一讲现在的人已经不太熟悉的中国学问。"吴晗同志接受了他的意见。于是，他为《语文小丛书》撰写了《训诂浅谈》。直到1956年，高校才设古代汉语课，陆先生开始在北师大中文系授课。1961年，他开始带第一届文字训诂学研究生，开设了《说文解字》通读和通论课，也在带领学生通读古代文献及注疏的基础上，开设了训诂学。在教学过程中，他把季刚先生当初教授《说文》训诂和古韵的方法传播给自己的研究生，使他们受到了严格的训练。可以看出，陆宗达先生毕生都在为中国传统语言文字学的振兴奋力拼搏。他在训诂学断裂的每一个时代，都在呼唤这门学问的复生，都在继承他的老师章太炎、黄侃先生的遗志，用实际行动推动这门学科在当代发展。

陆先生在著述问题上，一直受着季刚先生的影响。季刚先生生前常对学生们说，他在50岁以前要认真积累资料，50岁以后才写书。不幸的是季刚先生在49岁便与世长辞，留下了大量的札记、批注和短文。尽管如此，陆先生始终认为，季刚先生对传统语言文字学的研究方法以及材料不充实不要写书的主张是非常正确的。传统语言文字学以古代文献语言为研究材料，没有大量的材料积累，不从具体的文献语言出发或者对语言材料缺乏一定量的分析，只凭几个例子，其实心中无“数”，是很难总结出正确的规律来的。他目睹季刚先生的渊博和敏锐，自叹相去极远，所以50岁前，迟迟不愿提笔著述。1955年陆先生整满50岁，但那时考据学正遭受批判，陆先生还在教现代汉语，于是，他把自己著述的时间向后推了整整十年。没想到，这十年其实就是二十年。从1965年开始，陆先生正准备写几部书的时候，十年浩劫开始了。所以，从1977年起，陆先生才得以开始他的专门的著述工作。《训诂简论》是他在学坛复苏后写的第一本论著。

如今，《训诂简论》第一次出版的过程，仍然历历在目。1979年，我从青海省文学艺术创作研究室借调到文化部清理积压的电影创作剧本，做恢复电影的准备工作，陆宗达先生正在前青厂家中开小班讲授《说文解字》，我也去听课。有一天，陆先生对我说，北京出版社要重出他的《训诂浅谈》，可以扩充，字数不限。扩充书稿的工作从1977年年底开始，已经写就了一部分稿子，但是整理的速度太慢，北京出版社催稿很急，要我用最快的速度，帮他把书稿整理好。陆先生拿出已经整理的稿子给我，其中“训诂的内容”一章，已经郭崇元先生抄写得十分清楚。郭崇元先生是陆先生在辅仁大学教书时的老学生，也在陆先生家听讲《说文解字》，他不但写得一手好字，而且有很好的古文功底，工作也很细致。陆先生指示我，这一章不必再动了。其他还有一些片段，先生指示我参照他在我做研究生时给我们讲课的笔记，先列出目录，再撰写内容。第二天，我把目录带到先生家里，陆先生同时请北京出版社的责任编辑白波同志到家和我见面，明确书稿的技术要求。在谈到书稿的写法时，陆先生说：“第一，训诂学已经好久没人提了，咱们写这种书是为了让人家看懂，千万不要故弄虚玄；例子要举得通俗一些，讲解透辟一些，详尽一些；要用白话解释。第二，既然是想让大伙看，字数不要太多，有多少话，说多少话，别搀水分。第三，一定要告诉人家学习训诂有什么用，提高阅读的兴趣，不要给人家训诂学是‘天书’的印象。”我从先生的嘱咐里懂得了他想把这门学问推向现代的热肠。在书稿的整理中，我也努力按先生的指示去做。

在传统训诂学断裂了半个世纪的年代，是陆宗达先生首先站出来呼唤它的复生；由于陆宗达先生的这种主导思想，《训诂简论》以它通俗的语言、准确的阐释，认真严肃又轻松地，把没有接触过训诂的青年一代，带入这门古老而有用学科的殿堂。我想，这就是在诸多训诂学著作中首先推荐《训诂简沦》的原因吧!

陆宗达先生祖籍浙江慈溪，1905年2月13日生于北京，1928年毕业于北京大学国文系。1926年追随国学大师黄季刚先生，登堂入室，学习文字、声韵、训诂等传统语言文字学，其时已有极深的学术造诣。建国前历任辅仁大学、冯庸大学（“九·一八”后冯庸大学迁往关内）、中国大学、女子文理学院、民国大学等校教授。自1947年直至逝世，为北京师范大学专任教授，汉语文字学专业博士导师，第一、二届国务院学位委员会学科评审组成员。他对古代文献和文字、声韵、训诂学都有很深的造诣，尤其精通《说文》学，他一生专注于传统训诂学的传授与教育，是中国训诂学学会的主要创始人，我国传统语言文字学重要的继承人。1988年2月13日逝世于北京。著有《王石臞先生〈韵谱〉〈合韵谱〉遗稿跋》（《国学季刊》1932年3卷1号）、《王石臞先生〈韵谱〉〈合韵谱〉遗稿后记》（《国学季刊》1935年5卷2号）、《训诂浅谈》（北京出版社1964年版）、《训诂简论》（北京出版社1980年版）、《说文解字通论》（北京出版社1981年版）、《训诂方法论》（合著，中国社会科学出版社1984年版）、《古汉语词义答问》（合著，甘肃人民出版社1986年9月版）、《训诂学的知识与应用》（合著，语文出版社1990年版）、《训诂与训诂学》（合著，山西教育出版社1995年版）等。

陆先生早期的专业学习涉及古代文学、经学和“小学”（即以古代文献的书面语言为主要材料的文字、声韵、训诂学，亦即传统语言文字学），而他跟从季刚先生学习的主要是“小学”。“小学”在今天属语言文字学范畴，总起来说，陆宗达先生的研究工作的特点主要体现在以下五个方面：

（一）以对古代文献语言材料的解读、辨认、分析和归纳为研究工作的基点，从文献语言中提出课题。在研究中，严格地从文献语言材料出发，不事空谈，不作空泛的推论。

（二）传统语言学分成音韵、文字、训诂三个部门。陆宗达先生的学习和研究是从音韵学起步，以文字学为桥梁，在训诂学上落脚。也就是以文献词义作为主要的探讨对象。这是因为，从文献阅读的实用目的来说，意义是它探讨的终点；从发展语言科学理论的目的来说，中国语言学最重要的环节是语义学。

（三）开展以《说文解字》为中心的训诂学研究。《说文解字》贮存了系统的文献词义，并且在汉字一形多用、数形互用的纷繁情况下牢牢地抓住了本字；又在一词多义、义随字移的复杂关系中牢牢地抓住了本义，为通过字形与词音探讨词义提供了最重要的依据。加之自汉代以来将近两千年的研究，特别是经过清代乾嘉学者的大力发展，《说文》之学是“小学”中成果极其丰富的一个部门。以《说文》为中心进行训诂研究，就是从表意汉字出发，也就是抓住了训诂学研究的根本。

（四）主张批判地继承古代文献语言学的材料、理论和方法，从中发展适合汉语情况的语言科学。当代语言学以引进为主，传统语言学只被看作历史，很多人以为不再有发展的必要和可能了。陆先生认为，要研究汉语的现在，首先要研究它的过去；要研究古代汉语，必须同时研究汉字。汉语的特点加上记录它的汉字的特点，都决定了汉语的研究必须吸取传统的文献语言学的材料、理论和方法。借鉴国外语言学的研究成果是非常必要的，但这种借鉴不是搬用，而要在考虑到汉语和汉字本身的特点和规律的情况下进行，要把是否适合汉语的实际情况作为标准来加以取舍。重要的是把传统的汉语言文字学发展为更先进的语言学科学，以丰富世界语言学的宝库；而不是切断历史、抛弃和排斥传统的东西而沿着从别种语言中总结出的规律来为汉语的研究另辟蹊径。

（五）在训诂学研究中，注重理论建设，注重普及，强调应用，是他晚年的思想。陆先生认为，研究语言的目的，是为了正确解释语言现象和解决语言运用中的诸多问题。研究古代汉语的人，目的是为了解决古代书面汉语也就是文献语言中的实际问题。在振兴民族文化的今天，这种研究不应当只进入科学的殿堂，而应当同时面向社会，注重普及，强调应用。音韵、文字、训诂之学由于材料较古、方法与理论比较陈旧，因而不易普及。因此，陆先生非常注意提出群众所关心的问题，写一些应用的文章，为训诂学的普及做了大量工作。

以上这五点——从文献语言材料出发，以探讨词义为落脚点，以《说文解字》为中心，重视继承、建立适合汉语特点的汉语语言学，面向现代社会、重视普及和应用，便是陆宗达先生研究文献语言学的指导思想。

在上述思想指导下，陆先生写出了《说文解字通论》、《训诂简论》，以后又指导我写了《训诂方法论》、《古汉语词义答问》、《训诂与训诂学》。他80年代发表的一些文章，也是以总结文献语言的规律、探讨古代汉语科学的原理和方法、宣传传统语言文字学的普及和应用为主要宗旨的。

陆宗达先生近六十年的学术生涯，其成就是多方面的。他全面地继承了章黄之学，是传统语言学的重要学术传人。他是传统语言文字学向现代语言学转型时期的继往开来的一位学者。他为传统语言学的继承和复兴培养了一代学人，使这门古老的学科得以在新时期焕发旺盛的生命力。他所开创的以《说文》为中心的语言文字学博士点，至今已经成为我国训诂学的重镇。

借《训诂简论》再版的机会，我慎重地向读者做了以上介绍，希望在了解背景的情况下，阅读本书会有更多的收获。

2001年12月于北京师范大学

目 录

前　言

训诂学是我国的一门古老的科学。它从语义的角度来研究古代文献，是批判地继承我国古代文化遗产首先必须运用的一门基础科学。它不仅有很高的学术价值，在今天还有很重要的实用价值。过去的训诂学有它巨大的成就，但也存在一些缺点。今天，在近代语言科学以及其他科学进一步发展的情况下，我们完全应当使训诂学有更深、更广的发展和运用。但是，训诂学这门科学常被看成一门神秘莫测、高不可攀的学问，影响了它的普及。因此，有必要对它的范围、内容、方法以及如何运用等问题，作一些简单扼要而又通俗的论述，并对前人在训诂上的成就，作一些必要的介绍，以帮助更多的人了解它和运用它。

作　者

一九七九年三月

一、什么是训诂

中华民族是历史悠久的民族，仅从有文字记载以来，就有二千四百余年的历史。我们的祖先曾经创造了非常灿烂辉煌的文化，对我们中华民族的发展作出了巨大的贡献，对世界人类的进步也起过十分重要的作用。我们不能割断历史。批判地继承古代遗产，是发展社会主义经济、政治、文化的一个必不可少的条件。

我国古代保留至今的遗产，除了一部分实物以外，绝大部分是运用当时的语言——古代汉语，使用当时的文字符号记载下来的文献典籍。我们知道，语言是随着社会的发展而发展的。作为记录语言的符号的文字，也要随着书写工具的改进、社会生活的变化和语言的变化而发生变化。这样，过了一个相当长的时期，后代人去读前人记载的文献典籍，就会遇到语言文字的障碍。比如，汉代人去读先秦或更早的典籍，已略有困难；而到了唐代，一般人对两汉、先秦的典籍，就更不容易懂了。所以，在阅读和研究古代文献时，就需要首先扫清文字障碍、减少语言隔阂。只有突破了语言文字这一关，才能正确理解古代文献的内容。因此，早在汉代，就开始有了以扫除古代文献中语言文字障碍为实用目的的一种工具性的专门工作，叫作训诂。在这个基础上，发展出后来所说的文献语言学。

“训诂”这两个字连用，始于汉代的《毛诗诂训传》[①]。“诂训”就是“训诂”，一般人对此都比较生疏。应当怎样理解它的涵义呢？唐代的训诂学家孔颖达在《诗·周南·关雎》的疏中对“训”和“诂”分别作了解释。他说：“诂者，古也。古今异言，通之使人知也。训者，道也。道物之形貌以告人也。”他还综合起来给“训诂”下了定义：“诂训者，通古今之异辞，辨物之形貌，则解释之义尽归于此。”在这两段话里，孔颖达从当时的训诂工作出发，阐明了“诂”和“训”的不同涵义，指出了“训诂”的意义和范围。孔颖达的意思是

---

① 《毛诗诂训传》，是毛亨为《诗经》所作的传注，简称《毛传》。毛亨又称大毛公，见后汉郑玄《诗谱序》。有人说他是汉初人，也有人说他是战国时代的六国人。“传”是一种发明经典大义的体例。相传古代六经都有传。如《尚书》在孔丘以前就有传，孔丘弟子子夏为《礼记·丧服》作过《丧服传》，《春秋》有左丘明的《左传》、公羊高的《公羊传》、穀梁赤的《穀梁传》。这些传都是用来发挥经义的，有叙事、通论、序录、略例等体例。毛亨注释《诗经》虽有叙事，但却以解释语言为主，所以叫《毛诗诂训传》。

说，诂和训，是解释语言的两个不同的法则：（一）“诂”是解释“异言”的。所谓“异言”，就是同一事物因时代不同或地域不同而有不同的称呼。比如，《尔雅·释天》：“夏曰岁，商曰祀，周曰年，唐虞曰载。”这是因时而产生的异言，也就是古语。又如《诗经释文》：“楚人名火曰燥，齐人曰毁，吴人曰焜（huǐ 音毁）。”这是因地而产生的异言，也就是方言。我国古代的学者和训诂学家，不但对前代的古语十分重视，对各地的方言也早有研究。对因时而异的古语，用当时的今语去解释，对因地而异的方言，用当时的标准语（雅言）去解释，这就是“诂”。（二）“训”是“道形貌”的。所谓“道形貌”，就是对文献语言的具体含义，进行形象的描绘、说明。这就不只是以词来解释词，而且要用较多的文字来达到疏通文意的目的。它包括对词的具体含义和色彩的说明、对句子结构的分析、对修辞手法的阐述以及对古人思想观点和情感心理的发掘，内容十分丰富。它所解释的语言单位也不只是词，还包括句、段、篇。所以《尔雅·释训》以“训”命名，其中所训的有“是刈是濩”、“张仲孝友”、“有客宿宿”、“有客信信”等句；又其中引《诗·淇奥》几乎是全篇。这种对句、段、篇具体含义的解释，就是“训”。对于语言的内容来说，无非是包含社会所公认的概括意义和运用者所取的具体含义这两个方面；对于语言的单位来说，无非是词、句、段、篇。所以孔颖达说“解释之义尽归于此”。

近代学者黄侃先生对“诂”、“训”二字的解释，反映了训诂学进一步发展后所具有的新的含义。他说，“诂”就是“故”，“本来”的意思；“训”就是“顺”，“引申”的意思。这个解释，过去也有人讲过。如东汉许慎在《说文解字》里说：“诂，故言也。”汉代人也常把“诂训”二字写作“故训”。魏代的张揖在《广雅》里也说过：“训，顺也。”这些，都是采用声训的方法来解释“诂”、“训”的语源，从而明其定义。“诂”的语源是否是“故”，“训”的语源是否是“顺”，我们且不在这里研究。但应该看到，黄侃先生对“诂训”的解释，说明他已有了词义的系统的观点。在解释词义的时候，首先要推求它的本义，即可以推溯的最原始或最核心的意义，然后沿着词义发展的线索，找出它不同的引申义。这样才能完成对一个多义词词义系统的解释。比如《诗·大雅·大明》：“挚仲氏任，自彼殷商，来嫁于周，曰嫔于京。”《毛传》解释说：“京，大也。”这一段话是说挚国任姓的第二个女儿从殷商来嫁给周国王季（文王的父亲）的事情。“嫔”当“妇”讲，“嫔于京”，本来是说挚国任姓第二个女儿到周国的首都来作媳妇。但毛亨不把“京”解释作“京师”，而解释作“大”。他的意思是说，“京师”的意思，是从“大”这个本义里引申出来的。由此可见，推求本义和说明引申义这个工作，早在训诂学发展的最初阶段，就已在进行。而黄侃先生的解释，把它理论化了。从孔颖达的解释到黄侃先生的解释，说明到了近代，训诂学的研究范围已比较固定，方向也日益明确。它偏重在语义的研究，研究的语言单位更偏重于词。而且，这种研究，已经伴随着对词汇理论的探讨进行了。

事实上，从汉代把《毛诗诂训传》的“诂训”变为“训诂”以后，“训诂”二字已经成为语义学的专有名称，不需要也不能够分开解释了。我们介绍以上两种解释，不过是因为它们都从当时训诂的情况出发，在一定程度上概括了“训诂”在不同发展阶段上的内容和范围，有助于我们了解“训诂”名称的由来罢了。

训诂学是在发展中经过不同的阶段逐步建立起来的。

早在两汉时代，训诂这门学问就已很发达。六经、正史、诸子和文学作品都有注释[①]。但最初的训诂，严格地说还不成为一个学科。它只是一种附属于古代典籍而随文释义的专门工作。当时的训诂资料，存在于古代文献的注释中，没有独立出

① 汉人郑玄的《三礼注》等，是六经的注释。应劭的《汉书音义》、服虔的《汉书音训》，是史书的注释。赵岐的《孟子章句》、许慎的《淮南子注》等，是诸子的注释。王逸的《楚辞章句》，是文学作品的注释。

来。它的目的是为了全面、完整地解经，内容包括注音、辨字、校勘、释义。释义又包括释词、释句、释段、释篇和发挥阐述思想观点、点明修辞手法等。因为它无所不包，所以黄侃先生说它是“用语言来解释语言的学问”，这个概括是很有道理的。那时的训诂方式主要是注释书（包括传、注、疏、笺等）。毛亨所作的系统解释《诗经》的《毛诗诂训传》，就是这种训诂最典型的样式。

此后，在这种随文释义的训诂的基础上，发展出了另一种训诂的方式。一些训诂大师们从实际的语言材料，也就是从注释书中，把被解释的语言单位抽取出来按照一定的原则加以编纂，形成了类似后代字（辞）典的训诂专书。这种专书不仅综合了训诂的资料，为阅读文献提供了可供查检的工具，更重要的是它使训诂的材料在一定的法则下系统化，有利于在这些材料的相互联系和比较中归纳体例和理论，因而为训诂学发展成为一门独立的科学打下了基础。这种训诂专书，影响最大的是汉武帝时就广为流传的《尔雅》[①]和许慎所作的《说文解字》。

---

① 《尔雅》始见于汉武帝时。《汉旧仪》记载:“武帝初置博士……晓古文《尔雅》，能属文章者为高第。”《史记·儒林列传》称:“文章尔雅，训辞深厚。”《尔雅》本有二十篇，“叙篇”已亡，存释诂、释言、释训、释亲、释宫、释器、释乐、释天、释地、释丘、释山、释水、释草、释木、释虫、释鱼、释鸟、释兽、释畜，共十九篇。

《尔雅》曾被称为“训诂学的鼻祖”，其实它不过是汉儒采取传注所作的训诂札记。它将古代注释（以《毛诗诂训传》为主）中曾经有过同样训释的词（也有一些句子）归纳到一起，再依它们意义的类别加以分编，是一部我国最早的训诂资料集。

《说文解字》是一部文献语言学的专著。一般人认为它是文字之书，但在开始时，文字和训诂是很难分开的。《说文解字》的作者许慎，被称作“五经无双许叔重”。许冲在《上说文解字书》中曾说：“慎博问通人，考之丁逵，作《说文解字》。六艺群书之诂，皆训其意。而天地鬼神、山川草木、鸟兽昆虫、杂物奇怪、王制礼仪、世间人事，莫不毕载。”为了对词义作出准确的解释，《说文》中引六艺群书四十余种，博问通人引诸家说解三十九种。因此，许慎成为当时公认的古文派训诂大师。《说文》根据“部首”将文字的形体分为五百四十部，用六书（象形、指事、会意、形声、转注、假借）的法则来解释字形，又用以形说义的方法来解释字的本义，用“读若”和形声声旁来说明字音。这样，许慎实际上归纳出了把字的形、音、义统一起来进行研究的原则，总结出了训诂学的一个重要方法。许慎在《说文解字》中提供的有关形、音、义的多方面的资料，为训诂提供了宝贵的依据。许慎较为明确的文字观点和同时显露出的一部分语言观点，又为训诂理论的发展打下了基础。所以，说《说文解字》也是一部训诂专书，是有一定道理的。

在相当一段时间里，训诂就是以注释书和训诂专书（工具书）这两种形式存在着，直到清代它才有了重要的发展。

清代研究训诂的学者有两个派别：一派是以惠栋、江声为代表的“钩沉”之学。这一学派以辨识古训、疏明古义为主，目的是运用语言文字学来阐明古书上没有弄明白的理论问题和具体问题，使学者能进一步理解前代的训诂。另一派是以戴震为代表的“创新”之学。这一学派以纠正旧注、创建新说为主，目的是批判旧注、发明新义，从而提出训诂的新理论，使训诂学的研究得到进一步提高。清代训诂学家段玉裁、王念孙、王引之、俞樾等人都属于后一派。这两派训诂学家，特别是“创新”学派的训诂学家，对训诂学的发展作出了巨大的贡献：他们一方面研究汉代训诂家对古书的注释，搜集古训，而且从毛亨的《诗经诂训传》及其他注释书中归纳出训诂法则和训诂条例；另一方面，他们又研究《尔雅》、《说文解字》以及张揖的《广雅》等训诂专书，作了“疏证”，提炼出训诂学的理论，使训诂专书的数量大大增多，质量也有了显著的提高。他们在理论上首先建立了汉字形、音、义的完整体系，而且总结出“因音明义”、“以义证音”[1]的规律，找到了通过文字研究通晓古代语言的途径。在语言文字理论有了进一步发展后，他们又将这些理论运用到训诂实践中去，更深入地研讨古训和旧注，重新分析古代文献的语言，从而解决了更多的疑难，订正了汉唐以来注疏的遗漏和谬误。因此，清代学者三百年努力的成果，可以说是集中地发展了训诂学科。此后，近代学者在清代研究训诂的基础上，使训诂的方法更加科学化，提出了不少训诂理论，又进一步丰富和发展了这种成果。值得注意的是，由于他们的努力，文献语言学由附属于经典的随文解义，发展成为有自己的理论和专著的、有明确的研究范围和方向的独立的科学。于是，传统的“小学”（古代专门研究语言文字学的一种学问）分成了三个互相有分工又有联系的门类：文字、音韵、训诂。这三个门类的总合，就是我国粗具规模的传统语言学。

所以，我们今天谈到“训诂”时，往往有两个不同的涵义：一个是包含在古代注释和训诂专书中的文献语言学的总称。它的研究范围还不甚明确：在内部，包括后来的文字、语言、词汇、语法、修辞等，彼此并无分工；在外部，与文献、校勘等学也未能划清界限。另一个则是与文字学、音韵学互相

---

① 戴震《转语序》说：“疑于义者，以声考之；疑于音者，以义正之。”

并列的以研究语义为主要内容的传统语言文字学的一个独立的门类。

那么，文字、音韵、训诂这三个门类如何分工？他们各自研究的范围是什么？彼此又有怎样的联系呢？

文字学：文字是记录语言的符号，它超越了口头语言在时间和空间上的限制，起到了“前人所以垂后，后人所以识古”[①]的作用。后代要研究前代的语言，必须通过文字。文字以它的形体，记录了音（形式）、义（内容）结合的词。而汉字有着区别于拼音文字的自身的特点，它是音节符号。古汉语大部分是单音节词，因此是一字一词。一般说来，原始的汉字是根据词义来确定字形的，所以一般人称它为“表意文字”（关于这一点还有不同的意见，这里不准备讨论）。传统语言学的文字之学，着重在识别汉字的字形，从字形出发来辨明音、义，研究汉字形体的发展，从而达到归纳汉字造字法则的目的。古代所谓的“六书”之学，就是文字学发展的一个重要成果。

音韵学：声音是语言的物质外壳。从形、音、义这三要素看，形是属于记录符号的因素，对于语言来说，是外在的，而音、义才是语言本身的内在因素。要想通过文字来研究语言，

① 见许慎《说文解字叙》。

如果摒弃了声音而专从字形出发，势必会将文字记录语言的最本质的形式抛弃，或把语言和文字混为一谈，或将二者绝对割裂，以致产生望形生义的弊病，走向谬误。因此，语音问题历来为人们所重视。事实上，古今语言的嬗变、方言俗语的转化、文字的通用和假借、语词的分化……都必须涉及语音问题。传统语言学中的音韵学，着重在研究不同时期汉语语音的体系和漫长的历史发展中汉语语音的变化。切韵、等韵、古韵之学，都取得了很大的成果。

训诂学（狭义的）：语言所含的思想内容是它的核心。传统的训诂学着重研究词语的思想内容和感情色彩、词的意义系统和词语之间分化派生的关系、词的产生和发展变化。当语法学和修辞学还没有独立出来的时候，这两个门类的内容，也是包含在训诂学中的。

如果简要地说，文字的研究偏重于形，音韵的研究偏重于音，而训诂的研究则偏重于义。不过，这三个门类的研究虽有以上的分工和侧重，但实际上又不能分开，必须相互联系和贯通。一方面，我们对古代语言文字的一切研究，都是为了通晓古书的内容，了解古人的思想，使古代文献还其本来面貌，从而达到批判继承的目的。从这个意义上说，训诂是我们研究的落脚点。另一方面，训诂学在解释语言的思想感情时，是不能脱离文字的基础和语音的线索的。所以，历代的训诂学家都是紧密地结合文字学、音韵学来阐述训诂。下面举几个例子来说明训诂和文字、音韵的关系。例如：

《诗·郑风·女曰鸡鸣》：“弋言加之，与子宜之。”《毛诗诂训传》说：“宜，肴也。”《郑笺》：“所弋之凫雁，我以为加豆之实，与君子共肴也。”“宜”，甲骨文作“”，金文作“”（般甗），古鉨（xǐ）作“”、作“”，《说文》作“”，古文重文“”。可以看出，“宜”字本象屋内俎上有肉的形状。所以《毛传》、《郑笺》都训“肴”。肴是煮熟可吃的肉（今天还有“肴肉”之说），引申啖食熟肉也叫肴（后转为“噍”，即“嚼”）。《说文·肉部》：“肴，啖也。”可知《毛传》、《郑笺》训肴，就是训啖。至于《说文·宀部》“宜”训“所安也”，则是根据《诗·周南·桃夭》中“宜室”、“宜家”所作的训诂。有肉可吃，就引申出“安”的意思。这正如《说文·宀部》：“寍，安也。从宀，从心，从皿。皿，人之饮食器也，所以安人也。”可见屋里有饭吃可以有“安”义，屋里有肉吃，也可以有“安”义。这就说明，在作训诂时，研究词的本义和引申义，是不能脱离字形的分析的。又如：

《诗·邶风·北门》："王事敦我。"《毛传》："敦，厚也。"《郑笺》："敦犹投擿。"从表面上看，好像《毛传》和《郑笺》彼此矛盾，作出了两个不同的训诂。但是，从声音线索来寻求，就可以把这两个训释统一起来。《毛传》读"敦"为"堆"字（《经典释文》之"郑，都回反"应为"毛，都回反"），堆积所以训"厚"，厚是指堆积起来而使厚，不是指恩厚、优厚。也就是说，国有王命役使的劳役，都堆在我的身上。郑玄则读"敦"为"丢"，义为搁置，所以以"投擿"解之，意思是都抛在我身上，其实也是堆的意思。所以毛、郑的两种注释并无矛盾，只不过各取不同的方言来训释罢了。这就说明，辨识训诂一定要以声音为线索，才能找出其中的内在联系。

这样，我们对什么是训诂学，就有了一个基本的了解。从上面的论述可以看出，我国传统的语言文字学，是今天更为科学的古代汉语研究的基础。今天的古代汉语研究，已经分成文字、语音、语法、词汇、修辞各部门，方法更科学、理论更严密、内容更系统了。但它们的研究，绝不能脱离文字、音韵、训诂这些传统语言学所搜集的资料、所运用的许多合理方法和所得出的大量的正确结论。加之，今天，我们仍有注释古书的工作和编纂工具书的任务，这些工作都要直接运用文字、音韵、训诂的成果。所以，对传统语言学，我们必须认真研究、整理，既要注意科学分析，摒弃其中不合理甚至谬误之处，又要注意理解，慎重对待，精于取舍。由于前人在表达上与今人有很大的距离，科学的论述往往不足，所以其中很多正确合理之处，常会由于不被理解而轻率地抛弃。我们在学习训诂学时应当加强分析理解，不可粗暴否定，忘记继承。

二、训诂的内容

训诂都包含哪些内容呢？首先，训诂是以解释词义为基础工作的。除此之外，它还从分析句读、阐述语法这两个方面，对虚词和句子结构进行分析，实际上为后来的语法学提供了素材。在释词、释句的过程中，它承担着说明修辞手法和研究特殊的表达方式的任务，以后的修辞学即从中取材。同时，它还串讲大意和分析篇章结构，就整段或全篇文章进行分析解释，这即是所谓“章句”之学。前面说过，训诂的资料主要存在在注释书和训诂专书、工具书中，但并不止于此，它还大量存在在文献的本文之中。下面就对训诂的内容一一加以介绍。

甲、保存在注释书和训诂专书中的训诂内容

（一）解释词义

训诂虽然不是单纯解释词义的，但词是语言中最小的表义单位，即语义的基本单位，所以，解释词义是训诂学的基础工作，在训诂学中占有最重要的地位。

我国很早就有关于词的理论。战国时的荀况在《正名篇》[1]中曾说："名闻而实喻，名之用也。累而成文，名之丽也。用丽俱得，谓之知名。"荀况所说的"名"，就是今天语言中的词（古代称实词为"名"或"字"。郑玄说："古曰名，今曰字，其实一也。"），"丽"是组织。他的意思是说：词以它的形式（音），概括了它的内容（义）。而当它被组织起来（即构成句子）以后，才进一步显示出它的作用。这种说法，实际上已开始阐明词义的概括性和具体性。作为社会交际工具——语言的建筑材料的词，它的意义首先是概括的，为社会所公认的，因此是客观的。但是，当它在具体语言环境中出

① 《荀子·正名篇》主要解释名与实的关系，从而阐述了语言学的基本理论，在今天仍然有它的实用价值，是值得我们参考的。

现、被按照语法规律组织进句子以后，意义就明确、具体、生动了，说话人可以从客观的概括的词义里选取某一个方面来表达自己具体的思想和主观的感情。前者是词义的概括性、客观性，后者是词义的具体性、灵活性。

训诂首先要揭示词的概括意义。这种概括的词义必须是客观的，绝不能主观臆断、凭空推测。宋代的理学家常常用解经来为自己的观点服务，因此常犯“辗转为训”的毛病，凭空推测，失其客观。如：《礼记·大学》篇：“致知在格物。”朱熹注：“格，至也。穷至事物之理，欲其穷极，无不到也。”这是一个典型的辗转为训的例子。按朱熹的意思，“格”训“来”，“来”与“至”同义，“至”又与“极”意义相近，“极”又可训释为“穷极”。最后，“格”就有了“穷至”、“穷极”即“彻底研究”的意思了。因为朱熹的哲学思想是：人的知识和智慧是先天具有的，是万能的。人的思维可以“穷至”、“穷极”事物的真理，只要凭借自己的思想去认识，就可以彻底地了解一切，无所不到。朱熹为“格”作的训诂，完全是为了阐发他这个唯心主义先验论的哲学观点的。

正确的训诂应当是什么呢？郑玄注《大学》：“格，来也。”《说文·木部》：“格，木长貌。”段玉裁注：“木长别于上文长木者，长木言木之美，木长言长之美也。木长貌者，格之本义。引申之，长必有所至，故《释诂》曰：‘格，至也。’《抑》诗传亦曰：‘格，至也。’凡《尚书》‘格于上下’、‘格于艺祖’、‘格于皇天’、‘格于上帝’是也。此接于彼曰至，彼接于此则曰来。郑注《大学》曰：‘格，来也。’凡《尚书》‘格尔众庶’、‘格汝众’是也。”段玉裁的解释本戴震之说。他为了把《说文》、《尔雅》的解释和郑玄的注统一起来，绕了一个大弯子，先用“木长貌”引申出“至”，又用“此接于彼”和“彼接于此”来统一“至”和“来”。这种解释，终嫌迂曲。《方言》：“佫，来也。”魏《三体石经》[1]篆、隶、古三体都有“佫”字。而这个“佫”字在《说文》中应是“假”字。《说文·彳部》：“假，至也。”汉《费凤碑》中“有耻且佫”已作“佫”。后世以“格”代“佫”，与训“木长貌”的“格”字相混。所以，“格物”应是“佫物”，也就是“来于物”。只有这样解释，才符合《大学》中此处的朴素唯物主义思想。从这个例子可以看出，在解释词义时，如果不在语言文字上持有充分的论

① 《三体石经》，传为汉魏之际的古文字家邯郸淳所书，他对许慎的《说文解字》研究甚精。正始时，曾以古文、篆文、隶书三种字体，石刻了《春秋》、《尚书》及部分《左传》，故名《三体石经》。今仅有残石拓本。章炳麟曾作《新出三体石经考》，见《章氏丛书续编》。

据，而凭主观臆断，就会完全歪曲文献的原意。

在解释词的概括意义时，训诂学家不但注意到词义的客观性，同时还注意到词义的系统性，也就是首先解释词的本义，然后沿着引申线索，说明它的引申义。这是训诂中解释多义词的基本方法。比如：

《诗·小雅·六月》："比物四骊。"《毛传》："物，毛物也。"又《小雅·无羊》："三十维物，尔牲则具。"《毛传》："异毛色者三十也。""毛物"即"毛色"，是皆训物为色。考"物"字的古义本作"旗帜"讲。《周礼·司常》："颂旗物。""旗"、"物"连文则"物"也是旗帜。又说："杂帛为物。"古代的旗帜除画本氏族所敬之神外，颜色的标识更为重要。《大戴礼记·虞戴德》："建五色。"《穀梁传·庄公二十五年》："置五麾。"杨士勋疏引糜信说："各以方色之旍置之五处。"因为旗物是杂帛所作，所以"縿"（shān衫）、"斿"（liú流）这两种旗颜色不同。这都可以证明，"物"从旗帜的本义引申为颜色。"毛物"就是马的颜色。"比物四骊"就是按照马的毛色选出四匹青黑色马来驾车。汉代已经"物色"连用（今天"物色"当选择讲，也是从这里引申来的）。至于"万物"的"物"，也是从"色"引申出来的。"万物"就是"万形"、"诸色"。

又如：

《说文·西部》“，鸟在巢上，象形。日在西方而鸟栖，故因以为东西之西。”“棲，西或从木妻。”“，古文西。”“，籀文西。”这个字现在一般用作方位词。许慎根据字形结构，指出篆文的“”是“”的省文，下面的“”是鸟巢。这个字形表示鸟在巢上停息的形状，古文、籀文也是上像鸟飞入，下像巢，并认为“棲”即“西”的异体字，所以“西”从鸟入于巢，象征“停息”、“降落”的意思。古人辨正方位，是依靠天空的日月星辰的运行来测定。东西的方位是依太阳的升降来辨识，南北的方位是依星斗的部位来测定。太阳停息、降落的方向就被定为西方，这是把“西”的本义引申了。

从本义发展出引申义来，是有依据的。因此，解释引申系统也要注意其客观性。这一点，在下节还要讲到。

词义在其概括性的基础上，还有其灵活性。就是说，它在上下文里必定显示出说话人具体所指，表现出说话人的态度和感情。训诂在解释古代语言时，往往需要把这种在概括意义基础上的具体含义指出，以帮助阅读者了解当时的具体情景。以《左传》中用“人”字的十句话为例：

此二人者实弑寡君。（《隐四年》）

（“人”指州吁、石厚二人）

己弗能有而以与人。（《隐十一年》）

（“人”指别人、他人）

豕人立而啼。（《庄八年》）

（“人”义为“〔像〕人的样子”）

宫之奇之为人也。（《僖二年》）

（“人”义为“人的性格、品质、作风”）

将与人易。（《僖十五年》）

（“人”指御者）

史骈之人欲尽杀贾氏以报焉。（《僖十五年》）

（“人”指史骈的群众）

子无谓秦无人。（《文十一年》）

（“人”指贤能之士）

宁我薄人，无人薄我。（《宣十二年》）

（“人”指敌军）

入于人中。（《襄二十二年》）

（“人”指人群）

人各有以事君。（《襄二十八年》）

（“人”义为每个人）

正因为词在运用时可以显示出在概括词义基础上的灵活性、具体性，所以概括了的词才可以用来进行形象思维。比如，江淹《别赋》：“至乃秋露如珠，秋月如珪，明月白露，光阴往来。与子之别，中心徘徊。”在这里，作者用明月和白露来说明别离的时间、环境：秋夜月明之夕，人在花间月下告别。在月光照射下，只见微风摇曳着花枝，露水在叶上滚动。作者用“光阴”二字来进一步描绘当时的状况。“光阴”在这个具体的语言环境里是一对反义词：光是亮，阴是暗。“光阴往来”是指月光和露珠交相照映，徘徊往来，乍明乍暗的情境，以衬托出告别时心中的徘徊不舍之情。由此可见，为文学作品作训诂，就更需要在具体的上下文里描绘和说明这种词义的灵活性，反映出形象思维的成果来。

总而言之，解释词义不但需要高度的概括和准确，同时还需要一定的生动和具体；不但需要通过大量的材料保证所作训诂的科学性、客观性，还需要研究上下文的语言环境，体会运用语言的灵活性和形象性；不但要把单个的词和固定的词义训释好，还要在词与词之间、多义词的义与义之间研究它们的相互关系，理出词义的系统。前人在这方面的经验，是非常值得我们吸取的。

（二）分析句读[①]

分析句读是训诂学的内容之一。一句话的句读断得对不对，具体地体现了对词义、语法、表达方法和语言情态理解得确切不确切，甚至关系到对作者的思想感情的了解。因此古人把“一句之误”视为非常严重的问题。《礼记·曾子问》有一段关于史佚违礼敛子的记载，其违礼的原因就是召公把周公的话弄错了句读。其事如下：

> 昔者，史佚有子而死，下殇也。墓远。召公谓之曰：“何以不棺敛于宫中？”史佚曰：“吾敢乎哉！”召公言于周公。周公曰：“岂不可。”史佚行之。

汉郑玄注：“言是‘岂，于礼不可！’不许也。”这就是说，当时周公回答召公的话是“岂……不可！”应分两句读，“岂……”就是“岂有此理”的省略，“不可”是不许之辞。但是召公却听成了一句，断为“岂不可”，于是变成了允许的意思。这件事虽未必可靠，但它强调了断句对于理解

① 句读，我国古代文章断句的符号和方法的名称，相当于今天标点符号的作用。“读”音dòu（逗）。

语言的作用。这个启示对我们是很重要的，所以《礼记·学记》篇把分析古书的句读列为教学和学习的基本内容之一。它说："一年视离经辨志。""离经"就是断文章的句读；"辨志"就是审明文章的思想内容。这里明确地把"断句读"作为研读经文的必要条件。

汉代训诂学者更重视分析句读。郑玄注释《周礼》时，对郑众的《周礼注》提出许多不同的意见，尤其对郑众断句的谬误，曾给以批判。如：

> 《天官·宫正》：春秋以木铎修火禁。凡邦之事跸，宫中、庙中则执烛。郑玄曰："郑司农读火绝之……玄谓：事，祭事也。邦之祭社稷于宫中，祭先公、先王于庙中。隶仆掌跸止行者，宫正则执烛以为明。"

上面的例证，是郑玄驳斥郑众（郑司农）注《周礼》的谬误。郑众把这段话的句读弄错了，因而使词义不明，制度紊乱。郑玄的意思这段话应断为两句，即：春秋以木铎修火禁（句）凡邦之事跸宫中庙中则执烛（句）。第一句，说明宫正（王宫的总管）的职责之一，是防御火灾。这里的"修火禁"，就是恭敬谨慎地执行防火的禁令。贾公彦说："宫正于宫中特宜慎火，故修火禁。”修火禁又见《周礼·秋官·司烜（guān观）氏》，那里也说，“中春以木铎（大铃铛）修火禁。”古代宫殿门口设“坟燎”（又名门燎），庭院里设“庭燎”。庭燎和坟燎都是树立在地上的大蜡烛。春秋季节气燥风干，最易引起火灾，所以宫正在这个时节里，“以木铎修火禁”。第二句，说明王在宫中庙中祭祀时，宫正的职责是执烛，并不执掌跸（bì毕）事，跸事应由隶仆负责。《周礼·隶仆》：“隶仆掌跸宫中之事。”注：“跸，止行者，清道。”周秦时代，“事”指祭祀与战争。《左传》所谓“国之大事，在祀与戎”。“凡邦之事”，则专指祭祀，故曰：“事，祭事也。”王于宫庙主祭时，由隶仆执行跸事，宫正则在宫中庙中持烛。这是隶仆与宫正的分工。据《礼记·祭义》说：“周人祭日以朝及暗”。朝是天亮以前，暗是日落之后，都需要“执烛以为明”。以上是郑玄的解释。

郑众断成三句，即：春秋以木铎修火（句）禁凡邦之事跸（句）宫中庙中则执烛（句）。谓宫正有三项职责：第一，修火；第二，国有事，王外出，则由宫正主禁绝行者；第三，宫正主为王于宫中庙中执烛。郑玄认为是错误的：“火禁”分读，义不可通。《周礼》书中屡见“修火禁”之事，是“火禁”连文之证。“事”的解释亦含混。由《周礼》证之，王外出，由宿卫掌跸事。王在宫庙，则由阍人跸宫门庙门（《周礼·阍人》："大祭祀丧记之事，设门燎跸宫门庙门"），由隶仆跸宫中庙中（见前），宫正不掌跸事。郑众因误读而造成错误，所以郑玄批判了他的说法。又如：

《周礼·春官·御史》：掌赞书。凡数从政者。郑玄曰："郑司农读言掌赞书凡数……玄以为不辞，故改之云。"

这就是说，御史的职责是起草"赞书"和总计"从政者"的数目，郑众却断成"掌赞书凡数"，这是根本不通的，所以郑玄叱之以"不辞"。"不辞"就是"不成话"。可见汉代的训诂学者把"断句"的问题看得何等重要。

另外，汉代训诂学者对句读的分析，也存在着不同的看法，有时甚至发生过相持不下的争论。例如：

《尚书·禹贡》：东渐于海西被于流沙朔南暨声教讫于四海

以上十八字，西汉与后汉的训诂学者在断句和解释上是有分歧的。考《汉书·贾捐之传》引此文说："西被流沙，东渐于海，朔南暨声教，讫于四海。"又释其义曰："欲与声教则治之，不欲与者不强治也。"可知"暨"字训"与"。《尔雅·释诂》："暨，与也。"即《说文》的"臮"字。《众部》："臮，衆词，与也。"意思是禹足迹所到的东西南北各地，皆以声教及之，而不依靠武力，所以"讫于四海"。《尔雅·释地》："九夷八狄七戎六蛮谓之四海。"郑玄不同意西汉人的说法。他认为这段话的断句应该是"东渐于海，西被于流沙，朔南暨。声教讫于四海。""暨"形容日光偏射（《说文·旦部》："暨，日颇见也"）。"讫"当作迄，《说文·辵部》："迄，直行也。"这段话的前三句说的是日光所照的方位：日初升于东海，西照流沙，偏射于朔暨、南暨（朔南暨即朔暨、南暨）。然后说，凡日光所临照之处皆行其声教。

魏晋以后，训诂学者都非常重视分析句读，认为断句读是解释语义、说明语言的思想感情的重要关键。唐代陆德明写过一部《经典释文》。他对《尚书》、《诗经》、《左传》、《礼记》等书，除了注明音读、解释语义以外，还列举很多前人断句读的不同的说法，有的还加以批评。

清代的训诂学家不但在解释语言方面超越前人，尤其是对古书句读的分析方面，更进一步有所阐述，并且作出了很大的成就。他们对一些重要的古代文献——从语义、语法和音律各个方面进行分析，判定正误，从而纠正了汉唐以来各家注释中断句读的错误。他们的研究方法和研究成果很值得我们参考、学习。举例来说：

《左传·哀公十七年》：卫侯贞卜。其繇曰："如鱼竀（chēng称）尾衡流而方羊裔焉大国灭之将亡"

繇词的十七个字，后汉贾逵读为："如鱼竀尾（句）衡流而方羊裔焉（句）大国灭之将亡（句）"。隋代刘炫认为卜辞的文句应该押韵，此十七字中"羊"与"亡"应谐韵。"衡流而方羊"是一句，"裔焉"要单独断为一句。其实贾、刘的断句都是错误的。第一，繇辞（卜筮的词）是韵文，句读比较齐整是这类文体的特点。他们两人没有从这个特点去分析句读。第二，"裔"和"焉"的词义怎么分析，这两个字在语言结构中的作用是什么，他们理解得也不正确。他们把"裔"解释为"远"，把"焉"当成语气助词，因而断句是错误的，解释也是错误的。清初顾炎武在《左传杜解补正》里强调，应当把"裔焉大国"读为一句。这才把繇词的十七个字的句读分析清楚。因为“裔”的本义是衣边，后裔的“裔”就是衣边义的引申用法。在声音方面，“裔”、“界”、“介”是一声之转；在意义方面，衣边、田界、介画也是互相会通的。“裔”字在此处是用作动词的，“裔”就是“介”。“焉”字则和“于”的声义相同，是个介词。“裔焉大国”即“介于大国”。卫国北有晋国，南有楚国，西有秦国，东有齐国，正是介于大国的形势。“灭之将亡”是说卫侯将被大国所杀，国家也要灭亡。后来卫果为晋所灭。又如：

> 《史记·伯夷列传》：岩穴之士取舍有时若此，类名湮没而不称，悲夫！

唐代张守节的《史记正义》读作：“岩穴之士取舍有时（句）若此类（句）名湮没而不称（句）。”清代方苞纠正了张守节的错误，改成上面的断句，这是正确的。因为：第一，张守节没有正确地理解“取舍”和“类”的含义，因此也就不能理解这两句话的语言结构。“取舍”应当作“行为”讲。在古汉语里常常把两个反义词组合在一起，用以概括出另外一个意义。就以行为来说，必然是包括某些事要去做和某些事不去做这样矛盾的两个方面，要去做就是“取”，不去做就是“舍”，所以“取舍”是说明为人的态度，也就是“行为”。正如唐人诗句中用“悲欢”当“遭遇”讲是一样的。“类”在这两句话里是副词，表示“大多数”的意思，是用来说明一种普遍的现象。（“类”字在魏晋时代还有这种用法。如曹丕《与吴质书》：“观古今文人，类不获细行，鲜能以名节自立。”“细行”指小节，也就是今天所说的“私生活”。曹丕这句话的意思是说，所谓“文人无行”，是由于大多数文人在私生活方面不能严格要求自己，所以很少人能以名节自立。）张守节把这个副词的“类”错误地理解为“属类”的“类”，所以句子也就断错了。第二，司马迁这篇文章的中心思想是：历史上许多名人佚事都是靠当时社会上层人物的宣扬才能留名于世的。伯夷、颜渊这种人就是典型的例子。如果没有孔子对他们所作的称赞宣扬，恐怕后人就不会知道周初有个叫伯夷的遗民，也不会知道孔门中有个叫颜渊的高材生。这层意思是他在“列传”的第一篇里，借伯夷这个人物，对过去的历史记载所发泄出来的不可遏抑的愤慨不平。所以他在文章的收尾处提出了这几句很有感慨的话：“没有权势的人，他们的行为很多是跟伯夷、颜渊一样高尚的，却大都没有被历史所称道，以致姓名、事迹都湮没无闻，这是多么使人悲痛的事啊！”

以上数例，说明分析句读是解释语言的最关键的问题，句读弄错，不但字句和语法讲不通，而且有时对作者的思想感情也不能正确体会了。

下面谈谈纠正错误句读的问题。

分析句读既然是解释语言的一个重要内容，就应当引起我们的重视。但是前人还没有一部关于这方面的系统论述的专书，而古代书籍和作品的作者又是从来不自标句读的。这是我国古代汉语中书面语言遗留下来的严重问题，必须靠今后研究训诂的人的共同努力、共同研究来填补这个缺漏。我们一方面要把古代的书籍和作品精确地标点出来，一方面也要对断句读的法则提高到理论上去研究，找出规律，用来指导古书的标点工作。

解放以后，我们出版的古书和古文都加了标点符号，这对研究古代历史、科学、文化的人是一个很大的帮助。但是，新标点的句读恐怕也难免有不完全正确的地方。因为，第一，没有原来的句读可查；第二，有一些话的句读，历代注释家就存在不同的看法和争论。我在读这些书的时候，对所加的句读也有一些不同的看法，略举数条，供读者参考。

《左传·僖公四年》：不虞君之涉吾地也，何故？

我认为这样的断句是不妥的。第一，从语法结构上看，“不虞”是主要动词，而这个动词的宾语不是“君之涉吾地也”，而是“何故”。第二，从上下文看，这句话不是疑问句，而是质诘句，并且是表达了严厉的责问口气。联系上文“君处北海，寡人处南海，唯是风马牛不相及也”，这一整段话的意思是：“楚齐距离极远，就连马牛风逸的小事都连及不上。我君绝对料想不出你们派兵伐楚的缘故。”这段外交辞令是用强硬指责的态度说的，并不是婉和的问话。这句话为什么历来断成两句，句尾用疑问符号呢？可能是看到“也”这个语气词就要点断，而没有考虑到“也”在句中的作用；又看到“何”这个字眼就画了问号，而没有考虑到语言上的感情色彩。又如：

《左传·成公二年》：伤而匿之。

这个断句也是不妥的。第一，从上文看，应断作“丑父寝于辗中，蛇出于其下，以肱击之，伤。而匿之。”前三句是受伤的过程，“伤”是这个过程的结果。因此，“伤”也就是前三句的结束语，应属于上，不属于下，故应以“伤”断句。“匿之”是受伤后的新情况，所以应该另作一句。第二，凡“某而某之”这样的句法，有时是两个动宾结构的压缩，这两个动词必须有共同的宾语。如《左传·僖公二十一年》："利而用之"。上文说"三军以利用也"，因此这句话等于说"利三军而用三军"。"之"是"利"的宾语，也是"用"的宾语。"伤而匿之"的句法结构却与此不同，"匿之"的"之"指伤，"匿之"就是匿其伤。这个"之"字绝不是"伤"字的宾语。有时前面的动词是状语。如《左传·庄公十二年》："批而杀之。"批是用手背打。《说文·手部》作"搬"，云："搬，反手击也。"这也与"伤而匿之"不同。所以说"伤"字应独立成句，不能断为"伤而匿之"。

《左传》这部书的句读是比较难断的，因此，值得商榷的地方还有很多，不能尽举。就上面两个例子可以认识到：首先，断句读必须结合上下文。因为句与句之间是有机地联系着的，必须结合上下文才能正确理解某一句话在一段文章中所表达的意义，这和只有根据上下文才能确定词义是一样的。其次，一个句子是语法结构的具体体现，必须用语法规律说明句子的构造。再者，句子还反映了语言的情态和感情色彩，这在分析句读时，也是不可缺少的因素。

古汉语的句读分析之所以应当重视，就是因为不容易做到完全正确。有些古代名著即使经过千余年来学者们的注释、考证，其中错误的断句仍在所难免。例如：

《史记·屈原列传》：其志絜，故其称物芳；其行廉，故死而不容自疏。濯淖污泥之中，蝉蜕于浊秽，以浮游尘埃之外，不获世之滋垢。皭然泥而不滓者也。

这段话，历来以“死而不容自疏”断句，极谬误。黄侃先生早已指斥其非，认为当以“故死而不容”断句，“自疏”应属下读，以“自疏濯淖污泥之中”为句。黄先生的说法甚确。第一，古汉语为了加强重点常常同义词复用，如《尚书》“日严祗敬六德”，《左传》“缮完葺墙以待宾客”，严、祗、敬同义，缮、完、葺同义。此文“濯淖”和“污泥”是同义词，“濯”即“浊”字，因下文有“浊”，此以同音字代之。同义字复用不仅在意义上加强，声音上也加重。第二，“不容”不是不为小人所容，“容”当作“容忍”讲。《离骚》说：“宁溘死以流亡兮，余不忍为此态也。”“怀朕情而不发兮，余焉能忍与此终古。”这就是对“死而不容”的自述。第三，“疏”训“远离”，是主要动词。“自疏濯淖污泥之中”是主动离开肮脏污秽的环境的意思，这正是“其志絜”、“其行廉”的表现。

至于《论语》，虽短文居多，但也有断句的错误。如：

《为政》篇：为政以德譬如北辰居其所而众星共之。

这十六字应作一句读。“为政以德”是“北辰居其所而众星共之”所比喻的形象。何晏《论语集解》引包氏说：“德者无为，譬犹北辰之不移而众星共之。”有的还把“譬如北辰”念断。这种断句的错误，很像过去念《孟子·梁惠王》“王曰：‘叟不远千里而来，亦将有以利吾国乎’”时，把主语割裂变成“王曰叟”，因而误读为“王四嫂”。这个笑话实际上是讽刺了错误的句读。

分析句读是训释语义的主要手段，同时也对朗诵、吟咏和歌唱起帮助作用。但是语义和咏读是既有统一又有矛盾的，句读也反映了这种情况。所以，对音律句读和文义句读应当分清。

首先，谈一谈散文的句读。古汉语的散文，有的句子很简短，甚至一个词就应当断句。也有的句子极长，甚至三四十个字才能断句。人们受生理器官的影响，尤其是肺的呼吸量的限制，事实上不可能把极长的句子一口气读完，这就发生了朗读和语义的矛盾。例如：

《左传·隐公五年》：鸟兽之肉不登于俎，皮革齿牙骨角毛羽不登于器，则公不射。

在这一句中，“鸟兽”是定语，这个定语仅对“肉”、“皮革”、“齿牙”、“骨角”、“毛羽”起修饰作用，加上“不登于俎”、“不登于器”才组成两个分句，再加上“则公不射”才成为一个完整的句子。人们对于二十六个字的句子，不可能用一口气把它朗读下来，所以总得把它分成三四个段落来读。但从语义的角度看，只能到“射”字下才可以加逗号。又如：

《左传·宣公十二年》：楚自克庸以来，其君无日不讨国人而训之，于民生之不易，祸至之无日，戒惧之不可以怠。

上面三十五字是一个简单句。“楚自克庸以来”是时间的标识。这个句子的主要动词是“训”。“于”同“以”，后三句都是“于”这个介词的宾语。即等于说，训之以“民生之不易”、训之以“祸至之无日”，并用这些道理来“戒惧之不可以怠”。从语义的完整看，仅仅是一个句子，但朗读时，则要按照上面的标点来停顿。

以上例证，说明句读的标识不能严格服从于语义的完整，不过是诵读的段落。《史记·滑稽列传》说："东方朔上书，凡用三千奏牍。人主从上方读之，止，辄乙其处。"段玉裁说："此非甲乙字，乃正'乚'字也。"其实"乙"亦有钩识义（《说文》"𡰪"（尺）下云"乙，所识也"），就是标识句读的符号。可证西汉时代用读音的段落标识句子，所以人主读音停顿时，左右辄乙其处以为句。

至于诗歌，音律的作用更为重要。它用押韵为标识，表示音律的段落，也就是音律句读。这种音律句读也往往同语义句读有矛盾。毛亨在《诗经诂训传》里有很多分析句读的地方，我们可以从他分析的句读中发现语义与音律的矛盾。比如：

《邶风·柏舟》：微我无酒，以敖以游。

《毛传》说："非我无酒可以遨游忘忧也。"毛亨用十一个字串讲了诗句的大意，不但包括了解释词义（微训非）、说明句意和分析句读三件事，并且以分析句读为核心来贯通词义和句意。根据《毛传》的这个解释，可以知道这八个字虽然在音律上分成两句（"酒"和"游"谐韵），但是按照句意只能作一句读，意思是“并不是我没有酒去遨游用以忘忧”。有了毛亨这个解释，我们就能正确地分析句读、理解诗意了。大家知道，我国古代诗人对现实不满的时候，常常是“携酒遨游”去逃避现实。而《柏舟》的作者是卫国的“同姓臣”，对国家有强烈的责任感。卫国“仁人不遇，小人在侧”（《柏舟》诗序）的状况使他无限忧愁，而且这种忧愁是无法逃避的。又如：

《大雅·常武》：王命卿士，南仲太祖。

《毛传》说：“王命南仲于太祖”。毛亨的解释比诗文还少一个字，可是解决了几个问题。这是一首歌颂武功的诗。当时的上卿负责军事任务的叫“卿士”，就是后来的“元帅”。“南仲”是人名（《诗·小雅·出车》：“王命南仲，往城于方”）。“太祖”就是太庙，是出征前授予军职的地点，意思是“周王在太庙任命南仲为元帅”。毛亨用七个字解释了原文，这就无异告诉我们说，八个字在音节中间是要停顿一下的，是两句诗，但是意义却上下直注，不能分开。再如：

《商颂·玄鸟》：天命玄鸟，降而生商。

《毛传》说："春分玄鸟降，汤之先祖有娀（sōng松）氏女简狄配高辛氏帝，帝率与之祈于郊禖（méi媒）而生契。故本其为天所命，以玄鸟至焉。"根据这段解释，"玄鸟降"是"春分"节气的别名。"高辛氏"是氏族社会时汤的祖先，他和另一个氏族"有娀氏"的女子叫简狄的结了婚，他们俩在"春分"那一天到南郊举行"郊禖"典礼（祭天求子的祭祀），因而怀孕得子，故认为受天之命而得子。这就是商的始祖"契"出生的传说。按照这种解释去分析，则"天命玄鸟降而生商"八个字按照意义应分为"天命"、"玄鸟降"、"而生商"三个小句子，但是乐人在歌颂时，却必须是四个字一句。

上面所举的例子说明了《毛传》的一种分析句读的方法。它在辨明诗句意义的同时指出了研究诗歌句读的一个很重要的方面，即文意的句读和音律的句读有不同的断法。诗歌本是一种歌唱的语言，必须"声依咏，律和声"才便于歌唱，因而《诗经》多以四字为句，节奏整齐。这样一来，歌唱中的节奏就不尽合于文意。有时意义未完，音节不妨暂时停止。因此，分析句读，诗歌和散文是有所不同的。研究诗歌的句读，必须认识音律和意义两种不同性质的句读。既不能迁就声律去解释诗意，也不能专靠诗意去分析句读，否则就会产生错误。

（三）阐述语法

汉民族传统的语法分析，也是训诂学的重要内容。两汉时期的训诂学者已把汉语词汇分析为“词”、“事”、“名”三类。“词”是虚词；“事”是状物的词，包括动词、形容词等；“名”即名词，包括名词、人称代词等。许慎的《说文解字》全书释字中，三者的脉络条贯皎然可寻。在《说文解字叙》中，“名”和“事”也屡屡对言。这是汉人分析汉语词性的大类，是有明文可睹的。其实，对虚词的作用、感情色彩和表达方法的解释和说明，在先秦文献中已经屡见不鲜，其中以“《春秋》三传”（《左传》、《公羊传》、《穀梁传》）更为精密，尤其是毛亨的《诗经诂训传》中，关于虚词解释方面的内容是非常丰富的。下面就以《诗经》中一些常见的虚词为例，谈谈古代训诂学者是怎样对虚词进行解释的。

第一，确定虚词的用法和作用。

毛亨解释虚词有的很准确，很生动，可以帮助我们理解虚词所助以表现的形貌，体会语言的感情色彩。比如：

《召南·行露》篇：厌浥行露，岂不夙夜，谓行多露。《毛传》："岂不，言有是也。"

"岂"这个虚词，自从清代段玉裁在《说文解字注》里解释为"岂，若今语之难道"之后，大家都以"难道"解释"岂"，没有认真讨论毛亨的说法。其实，"岂"和"难道"并不是一回事。在现代汉语里，"岂非"、"岂不是"和"难道"还都用在反诘句中，仔细体会，它们所反映的口气和感情是有所不同的。"难道"是出乎意料的，表示有怀疑，有"不好这么说"的意思（"好"、"难"意义相反，如"好懂"与"难懂"，"好读"与"难读"，所以"难"可以译为"不好"，"道"就是"说"）。"岂"则是在意料中的，用于表示坚决的否定，有"不可能"或"哪里能"的意思。如"岂有此理"就是用坚决的口气表示根本不会有这样的道理。"岂"与"不"连接起来就转化为坚决肯定。《毛传》用"有是"解"岂不"，这是最确切的解释。如果我们用这个意义来理解，那么这三句诗的意思就是："路上那潮湿的露水使人厌恶，只有那些早夜而行的人，才会满身沾上这种可厌的露水。"用以比喻"没有失礼就不畏强暴"。《左传·僖公二十年》说楚人伐隋："随之见伐，不量力也。量力而动，其过鲜矣。善败由己（善败即成败），而由人乎哉！"下面引了这节诗，说明随先叛楚，才惹得楚师来伐，这是咎由自取。杜预注："岂不欲早暮而行，惧多露之濡己，以喻违礼而行，必有污辱。"其义正与毛亨的解释相合。又如：

> 《卫风·河广》：谁谓河广，曾不容刀？谁谓宋远，曾不崇朝？《郑笺》："不容刀，亦喻狭；不终朝，亦喻近。"

此诗的"曾"，即现代汉语的"怎么"。毛、郑对"曾"字都没有解释，而扬雄《方言》解释最详。《方言》卷十："訾，何也。湘潭之原、荆之南鄙，谓何为曾，或谓之訾。若中夏言何为也。"盖以"曾"为"何"，是先秦古籍中习见的用法。如《论语·八佾》："呜呼，曾谓泰山不如林放乎？"意思是"怎么能说泰山之神还不如林放知礼呢？"唐人或变"曾"为"争"，如杜牧《边上闻笳》诗："游人一听头堪白，苏武争禁十九年！"徐倬《全唐诗录》作"曾经"。"争禁"是"怎么禁得住"，"曾经"是"怎么经受"，意义本相同。宋以后"争"变为"怎"，"怎"又读"怎么"。由此可知，"争"、"怎"都是"曾"的语变。至于《方言》说"或谓之訾"，则"訾"亦"曾"之变。今汉口以南至长沙谓“何”曰“么子”，“子”即“訾”。

第二，用虚词确定句型。

毛亨在申述句子的意义时，往往用抽掉原文的虚词或增加虚词的方法来说明词与词或句与句的关系。例如：

《鄘风·蝃蝀（dìdòng帝冻）》：乃如之人也，怀昏姻也，大无信也；不知命也。《毛传》：“乃如是淫奔之人也。”

这几句诗里有四个语气词“也”，毛亨恐怕人们误解为四个平列句，或者误解为三个平列结构，所以作了这样的注解。他用“淫奔”来解释“怀昏姻”，又抽掉了第一个“也”字，这就说明了“乃像这样怀昏姻的人”仅仅是一个词组，是“大无信也”和“不知命也”所陈述的对象，而“大无信也；不知命也”是这句话的谓语。《诗经》中常常是这样用虚词来调谐声律和音节，与意义无关。毛亨的这种抽掉虚词的方法，不仅使我们能够正确地理解原文的句型，也揭示了虚词的某种用法。又如：

《郑风·扬之水》：扬之水，不流束楚。《毛传》："激扬之水可谓不能流漂束楚乎？"

毛亨用了一个疑问语气词"乎"字来解释这句话，这就明白地告诉我们这七个字是一句，而且是反诘句。因为诗歌必须着重音律上的铿锵，一般要力求句子齐整，所以有时要省掉语气词，而在歌唱时用"句调"来表达。毛亨用散文来注解，于是就用增加虚词的方法来补足原文所要表达的情状。

这种抽掉虚词或增加虚词的方法，也是古代训诂学者所常用的一种方法。

第三，说明虚词在句子里使用的位置。

首先我们应该知道，古代的语言结构和虚词用法同现代是有所不同的。总的说来，古代和现代的语法，差异是比较小的。不过，这种差异仍然是沟通古今语言的一重障碍，需要我们加以研究。就以周秦时代的诗歌和文章中的语气助词来说吧，有时用在句首，有时用在句中，有时又用在句尾。今举语气助词"其"字为例，在《诗经》里就有在句首、在句中、在句尾三种不同用法。《卫风·伯兮》："其雨！其雨！杲杲出日。"这两句诗是从农民期待降雨的心情来比喻盼望丈夫回来的殷切思念。意思是说："下雨吧！下雨吧！可是云彩里又钻出明亮耀眼的太阳。"这就是语气助词用在句首的例子。《鄘风·蝃蝀》："朝隮于西，崇朝其雨。"意思是说："一清早西边升起了虹，今天整个早晨都要下雨吧！"这是语气词用在句中的例子。《小雅·庭燎》："夜如何其？夜未央。"意思是说："夜里什么时候啦？是中夜。"这是语气词用在句末的例子。从这里可以看出古今语气词在语言中的位置是有所不同的，用法是有变化的。

现代汉语疑问句里的语气词"吗"，好像在古代汉语里从未出现过。但是我们由语音的变化线索去推寻，就不难发现唐人诗所常用的语气词"无"，其实就是现代汉语的"吗"。如唐朱庆余的诗句"画眉深浅入时无？"就是"画眉深浅入时吗？"白居易诗"强能骑马出来无？"就是"能勉强骑马出来吗？"等等。"无"字古音为mā，汉人还念mā，翻译佛经时的"南无"就读nā mā，是"吗"、"无"本同音之证。再往古代查一查，先秦古书早已使用过"无"作语气词了，不过不用在句末，而放在句首。《仪礼·士丧礼》谈到占卜葬地时，要卜问这块葬地的吉凶，说："无有后艰？"就是"葬埋父母之后，后来有艰险（凶险）吗？"又在占卜"葬日"时，要占问葬日的吉凶，说："无有近悔？"就是"葬下去日内会发生凶险吗？"（在这两句中，"后艰"与"近悔"是互文见义。）又如，现代汉语中的句尾语气词"呢"，在先秦古籍中也是有的。《公羊传·僖公二年》："则今日取虢明日取虞尔！""尔"是表示肯定的语气词，古音读"你"，《说文·木部》"柅读若柅"，是"呢"、"尔"古同音之证。

从上面所举的几个例子可以看到古代的虚词及其在句子中的位置同现代汉语是不完全相同的。这也是训诂学要研究的内容之一。

下面再谈谈古代训诂学者对句子的分析。

分析句子结构是训诂的重要工作之一。因为一个词或一个词组的意义，必须通过语法组织才能确定下来。只有正确地分析语言结构，才能准确地理解词和词组的意义。《韩非子·外储说左》里讲过一个故事，故事内容是说孔子解释传说中唐尧时代的音乐家"夔有一足"的语意。《韩非子》说：

> 哀公问于孔子曰："吾闻夔有一足，信乎？"（孔子）曰："夔，人也，何故一足？彼其无他异，而独通于声。尧曰：'夔一而足矣。'使为乐正。故君子曰：'夔有一足。'非一足也。"

这段话的重点是说明"夔有一足"四个字的语法组织。首先提出它的句读分析，最后确定了"足"的词义。原来鲁哀公把“夔有一足”连在一起，解释成“夔有一只脚”（其实古代的“足”指胫以下整个的部分，“止”才是脚）。他认为“一足”是个词组，作“有”的宾语，所以“一足”就成了“一只脚”了。孔子告诉他说，你误解了这句话的语法组织。“夔有一”是个词组，然后用“足”来作判断。孔子还引了唐尧的话“夔一而足矣”作证明，有了这个“而”字，就把这句话的语言结构确定了。这句话的正确解释应该是“有一个夔作乐正，就足够了”。“足”是满足的“足”，并不是“脚”。由此可见，为了帮助读者正确地理解词义和句意，训诂书有时是必须分析句子的语言结构的。

有人说：“中土但有训诂之书，初无语法之作。”其实训诂书中也往往谈到语言结构，可见语法统摄于训诂之中，并非有所阙略。刘勰《文心雕龙·章句篇》说：“句司数字，待相接以为用。”就已提出了用词和造句的关系。只是古代的传统语法学重视语序，不讲句子的六大成分，不像印欧语法，张设科条，标举品性，使语法规律很明显地看得出来。比如：

《诗·小旻》：维迩言是听，维迩言是争。

《毛传》“争为近言”是语序的解释。按照现在的语法来说，就是这两句话都用"是"把宾语"迩言"提前了。再如：

《左传·昭公十九年》：私族于谋而立长亲。

杜预注："于私族之谋，宜立亲之长者。"这也是解释语序的，实际上显示了词与词的语法关系。杜预的意思是说，这句话中的"长亲"，是"亲之长者。"又如：

《左传·哀公十三年》：谚所谓"室于怒，市于色"者，楚之谓矣。

杜预注："言灵王怒吴子而执其弟，犹人忿于室家而作色于市人。"这也是解释语序的，是用常见的语法结构形式来说明特殊的语序的。杜预的意思是说，"室于怒，市于色"按一般的语序应为"怒于室，色于市"（在家生了气，到街上去发作）。

语序除了表示语法结构外，在表达上还有其他的作用。这虽然不是由词的语法关系来决定的，但也显示了句子的结构，因此，为历来的训诂学家所重视。在这里，也一并介绍如下：

第一种，是借助语序表示客观事物在主观感触上的先后。《公羊传》解释《春秋经》“陨石于宋五”的语言结构时说：“陨石，记闻。闻其磌然，视之则石，察之则五。”这正如《荀子·正名》所说：“征知则缘耳而知声可也，缘目而知形可也，然而征知必将待天官之当薄其类然后可也。”这是说思想的来源是客观事物在人们感触上的反映。“类”即客观事物。“当”是对。“薄”即“日薄西山”之薄，所谓迫近。“征知”就是思想认识。这句话的意思是，思想是客观事物在人们感觉器官的反映。因此，反映客观事物的现象有时根据感觉的先后为序。在这种情况下，语序上也就可能与一般有差异。如《孟子·尽心》篇“若崩厥角稽首”，一般的语序是“厥角稽首若崩”。这里的“若崩”放在句首，是重点强调声音，也就是先“缘耳而知声”，次“缘目以知形”。

第二种，为了重点突出，紧接上文，而颠倒语序。如《左传·闵公元年》：“为吴太伯，不亦可乎！犹有令名，与其及也。”杜注：“言虽去犹有令名，胜于留而及祸。”接正常的语序应是“与其及也，犹有令名”。这里因为劝说申生应该权衡利害，远离晋国，所以在提出“为吴太伯”之后，就紧接着强调这样做“犹有令名”，而把“与其及也”这种不利的做法放到其次的地位。

第三种，为了协调声律而改变语序。如《诗·小雅·节南山》："弗问弗仕，勿罔君子；式夷式已，无小人殆。"这里本应该说："无殆小人。"因为"殆"与"已、子、仕"谐韵，所以变换了语序。又《墨子·非乐》引《武观》曰："启乃淫溢康乐，野于饮食。将将铭苋磬以力。"[①]因用"食"与"力"谐韵，才变"饮食于野"为"野于饮食"。

清代训诂学者往往是在分析语言结构的基础上去订正前人的错误注解。例如：

> 《论语·述而》：加我数年，五十以学易，可以无大过矣。

汉代何晏的《论语集解》说："孔子年五十而知天命。以知命之年，读至命之书，故可以无大过。"何晏以《论语·为政》的"五十而知天命"，来解释这里的"五十"是到了知命之年的意思，说《易经》是"至命"的专书，因而得出的结论则成为"孔子非到五十岁不能读《易经》"。这种没有逻辑性的推论是错误的。清人俞樾在他的《续论语骈枝》里从语言组织上驳斥了何晏的谬论。他说："当以'加我数年'为一

① 对于"将将铭苋磬以力"，历来解释不一。俞樾认为"力"和"食"押韵是无疑的，"将将"句疑有脱文。盖所脱之字已不可考，所以此句一时难于解通。

句，‘五、十’为一句（按：五和十是并列两个数目字表示约数，俞樾在这里指出读这两个字时应该停顿），‘以学易’为一句。‘五’、‘十’二字承‘加我数年’而言，盖不取必所假者几何年（按：加即假字），故著二字，言五或十也。使足成其文，曰，‘假我数年，五年，十年，以学易，可以无大过矣。’则文义便自了然。因上句已有年字，故五、十下不更出年字。”俞樾认为“五”和“十”在这里是并列结构，正是从语言结构上解释语义，这种解释，的确明白多了。

在训诂中，分析语法是很重要的内容，但分析的方法又有自己的特点。以毛亨《诗经诂训传》为例，毛氏在这部书里虽然没有系统地解释语法规律，但是在申明句意的时候，往往把词和词或者句和句的关系确定出来，因而就暗示出了句子的结构，阐明了语法。这种例子也是很多的。比如：

《小雅·棠棣》：原隰裒（póu抔）矣，兄弟求矣。《毛传》：“求矣，言求兄弟也。”

“原”“隰”是黄河地区的平原，高平之野叫“原”，低湿之野叫“隰”。原、隰是人们进行生产的处所，也是人类定居的地方。诗的前一句意思是原隰是人们聚集的地区。毛亨因为这句诗的句意很明白，所以没作任何解释。他对下一句“兄弟求矣”用“求兄弟也”作解释。这就是说，对这两句诗应该理解为“原、隰虽然是人们聚集的场所，但人们所求的是兄弟”。如果用今天的语法术语来分析，则尽管“原隰裒矣”，“兄弟求矣”，在形式上好像是对偶句，实际上两句的语法结构并不相同。上一句的“原隰”是方位词，是主语，“裒”是主要谓语。下一句的“兄弟”却是“求”的宾语，是“动宾结构”。不能因为“兄弟”放在“求”的前面，就错以为“兄弟”是“求”的主语。又如：

> 《小雅·吉日》：漆沮之从，天子之所。《毛传》：“漆沮之水，麀（yōu优）鹿所生也。从漆沮驱禽而致天子之所。”

这首诗是描写周王打猎的事。古代君王打猎必有“防”，“防”就是猎场。《毛传》说过：“战不出顷，田不出防。”周代在岐周地方设猎场。“漆”、“沮”是岐周附近的两条河流，河流两岸林木丛生，是麀鹿生活的地方。周王要打猎，先叫士兵把漆、沮两岸的麀鹿驱逐到自己的猎场里去。根据毛亨的解释，“漆沮之从”的“从”当追逐讲（《左传》习用“师从之”这句话，就是军队追逐敌人的意思，“从”训追逐），“之”字是代词作宾语，指“麀鹿”。“之从”即《毛传》所说的“驱禽”。“漆沮”是地名，是指追逐的起点，所以“漆沮之从”是“从漆沮那里驱赶禽兽”的意思。“天子之所”就是“把禽兽赶到天子的猎场去”。这两句诗的语法结构也是完全不同的。如果我们从表面上看，把它们看成是结构相同的平列的对偶句，那就根本不能达其意了。

从以上两个例子，我们可以看到毛亨对《诗经》里某些形式上对偶的句子是怎样进行分析的，这种分析可以使我们进一步认识对偶句的形式和内容的关系。对偶句是汉民族文学语言中最喜用的一种表达形式。诗歌、骈文固然离不开对偶，甚至散文也不能排除这种形式。因为这种形式不仅节奏鲜明，声调铿锵，便于歌唱和朗诵，而且结构谨严，反复成趣，有助于形象思维的表达。通过毛亨对于对偶句的语法分析，使我们认识到对偶句可以只要求形式上相对，而表达的内容却可以非常灵活，两句的内容并不一定坚持相对。就拿《小雅·采薇》“昔我往矣，杨柳依依；今我来思，雨雪霏霏”来说，可算是最工整的对偶句吧！但《毛传》：“杨柳，蒲柳也。”而《经典释文》：“雨，于付反。”雨读去声，是“杨柳”为一物而“雨雪”为动宾结构，意义上不能相对。到齐梁时代，骈文最为工整，要求“前有浮声，后须切响”，音节、声调都要求对偶。但在意义内容上也并不完全坚持对偶。如梁刘孝标《重答刘秣陵书》“隙驷不留，尺波电谢”，两句都比喻人生的短暂。但“隙驷不留”是一件事，“尺波”是一件事，“电谢”又是一件事。以三事为两句，意义并不相对，是很明白的。唐人律诗，格律至严，其当中四句亦严格要求对偶。可是杜甫的《曲江》诗：“酒债寻常行处有，人生七十古来稀。”其中的“寻常”是平常的意思，“七十”是数目字，是年龄，在意义上也并不相对。或说，韦昭《国语·周语注》“八尺为寻，倍寻为常”，而“平常”是“寻常”的引申义，所以从“寻常”的本义上来看，和“七十”是数目字上的相对。这样的求“对”，是诗律上所谓的“借对”，实际上有些近乎文字游戏。因为从上下文看，这里的“寻常”就是“平常”的意思。诗人写诗，是用形象思维来表达的，并不会从训诂学去考虑怎样运用这个词的“本义”或“引申义”。

总之，我国古代的训诂学者对于古代汉语的语法规律是作过不少的分析的，只是散见在各处，缺少系统的论述而已。今天我们就需要把古人的这些成就辑录起来，加以研究，使之系统化、科学化。这对于我们认识古代汉语的语法规律，沟通古今语言的差异，研究汉语发展的历史，都是十分必要的。

（四）说明修辞手段

说明文章的修辞手段，是训诂学的第四个内容。在毛亨的《诗经诂训传》里就有很多这方面的例子。比如：

> 《小雅·车攻》：萧萧马鸣，悠悠旆旌。《毛传》："言不谨哗也。"

这两句诗本来是描述马叫的声音和旗子飘摇的形象。毛亨在这里既不解释词义，也不解释事物的名称，只是用"不谨哗"来说明诗人在这里运用了烘托的修辞手段，以"萧萧马鸣，悠悠旆旌"反衬出军队出征时"有闻无声"的那种肃穆庄严的气氛。又如：

> 《小雅·苕之华》：牂（zāng脏）羊坟首，三星在罶。《毛传》："牂羊坟首，言无是道也。三星在罶，言不可久也。"

据毛亨的解释，这两句诗在修辞上属于两种不同的比喻手法。前一句是"歇后语"（《左传》谓之"隐语腴辞"），"牂羊”是母羊，“坟首”是大脑袋。“牂羊坟首”是说母羊长出了大脑袋。可是按一般常识都知道公羊才会长成大脑袋，因此，这里说“母羊生出了大脑袋”，就等于说“不可能的事”或“不会有的事”。后一句是用借喻的修辞方法。“三星”即心宿，在冬天天快亮的时候才出现，太阳一出，它就沉落了。“罶”是一种用竹篾或苇条编的捕鱼器，夜里把它放在水堰的孔道旁，鱼游进去就出不来，到天亮时人们就来把罶取走。“三星在罶”，就是说离人们来取罶的时间没有多久了，所以用来譬喻时间短暂，也就是《毛传》说的“不可久也”。《苕之华》这首诗，是作者从当时经济、政治上分析出周室必然灭亡的趋向而发出的感慨。当时的士大夫却幻想周室还能中兴，作者认为这不过是“牂羊坟首”，已经根本不可能了。由国家发生的种种迹象看，周室政权不会维持多久，很快就会亡国，正像冬天的三星照耀在罶上，它的存在不过是瞬息之间的事情罢了。再如：

《小雅·巷伯》：萋兮斐兮，成是贝锦。彼谮人者，亦已大甚。《毛传》：“萋斐，文章相错也。贝锦，锦文也。”《郑笺》：“喻谗人集作己过以成于罪，犹女工之集采色以成锦文。”

《郑笺》申述毛义，指出作者在这里是运用比喻的修辞方法来形象地说明“彼谮人者”是怎样花言巧语地编造一套惑人耳目的所谓罪状以陷人于罪的。郑玄的解释，不仅明确地指出了主体和客体的关系，而且对比喻的确切、生动进行了分析。他把“集采色”和“集作己过”对言，这就说明“彼谮人者”是挖空心思把各种所谓的罪责编织在一起。他又把“以成锦文”和“以成于罪”对言，这就说明“彼谮人者”编成的罪状像锦上的贝文那样细密浑成，无隙可寻，而且是那样绚丽多彩，夺人心目，不由得你不相信。他还把“谮人”和“女工”对言，女工在进行编织时，全凭独出心裁，这样也就说明谗人之编造罪状全是凭空诬陷。

正因为这个比喻是如此确切、生动，所以后来的语言中也经常用织物来比喻谮毁之辞，并且形成了固定的词汇。例如汉代产生了“周内”这个词：

> 《汉书·路温舒传》：夫人情安则乐生，痛则思死，棰楚之下，何求而不得！故囚人不胜痛，则饰辞以视之。吏治者利其然，则指道以明之。上奏畏却，则锻炼而周内之。盖奏之当成，虽咎繇听之，犹以为死有余辜。何则？

成练者众，文致之罪明也。

《汉书注》引晋灼的解释说“周内”是“精熟周悉，致之法中也”。这纯属望文生训。根据《巷伯》的《毛传》、《郑笺》所给予我们的启发来考察，可以知道，“周”乃“绸”之借字。《说文·系部》：“绸，绸缪也。”绸缪就是用精细的枲、丝去织组，后遂以织成的成品为“绸”。“周内”的“内”是“紩”（zhì 秩）的借字，《广雅》曰：“紩，纳也。”“纳”即是“内”。“紩”与“黹”（zhǐ 纸）为一字之变易，《说文·黹部》：“黹，箴缕所紩衣。”黹本像刺绣之文。所以“周内”就是织文绣花的意思。这就是说，“吏治者”在上奏狱辞时，还怕上面批不准，就像冶金那样对狱辞加以千锤百炼，又像织绸那样细针密线地加以弥缝。这样，就和“萋兮斐兮，成是贝锦”一样，做到“铁证如山”，“无隙可寻”了。又如后来还产生了“罗织”这个词，《旧唐书·来俊臣传》：“招集亡赖，令其告事，共为罗织，千里响应。”此处的“罗织”亦即“周内”，也是用织物来比喻谮毁之词，并且形成了固定的词汇。[1]

在古代汉语修辞中，还广泛应用“隐语”这种修辞手

① 参看拙著《说文解字通论》“引言”。

段。《文心雕龙》说“情在词外曰隐”（见宋张戒《岁寒堂诗话》引），《汉书·艺文志》说“杂赋家有隐书十八篇”，《列女传》载“臧文仲拘于齐，使人遗鲁公，恐得其书，乃谬其词”，此皆所谓以隐语为文独成一体。《吕氏春秋·曹言》记有成公贾与荆庄王的隐语。《说苑·正谏》：“咎犯见晋平公，曰：‘臣善隐。’”古人以隐语为修辞手段，大则成篇，小则片言，皆可为隐。如《左传·宣公十二年》记载楚子伐萧，傅于萧城，还无社（萧大夫）与申叔展（楚大夫）一段对话纯用隐语：

> 叔展曰：“有麦麹乎？”曰：“无。”“有山鞠穷乎？”曰：“无。”“河鱼腹疾奈何？”曰：“目于眢井而拯之。”“若为茅绖。哭井则已。”

清人俞樾说：“叔展此问，盖先探其国中之虚实也。神农《本草》载‘芎䓖味辛温，主中风入脑头痛，寒痹筋挛’。《名医别录》‘小麦’下言‘作鞠温消谷止利’。然则麦麹之功，主于消食；芎䓖之用，主于去风。食自内积，喻内乱也；风自外受，喻外患也。问有麦麹者，问消弭内乱之方也。问有山鞠穷者，问祛除外患之术也。乃二者俱无……而萧亦必将自溃矣。”又《公羊传·僖公十九年》：“其自亡奈何？鱼烂而亡也。”河鱼腹疾即鱼烂而亡之义。因此无社提出他藏匿之所——眢井（没水的井）。叔展教无社结茅作绖，标识所匿的枯井。又担心他城陷妄出为兵所杀害，故待己哭井而应之。若：你；己：此处指叔展。故下文说“申叔视其井，则茅绖存焉。号而出之”。

以上是还无社与申叔展的对话，全部是用的“隐语”。尽管是在军事敌对的情况下不得不用此暗通消息，但所使用的情在辞外的隐语，特别生动、形象。这就是黄侃先生所说的“意有所寄，言所不追。理具文中，神金象表”的描写方法。

至于片言使用隐语的现象更是屡见不鲜。上面所举《诗经》“牂羊坟首”的例子，就应属于隐语的典型。西汉桓宽作《盐铁论》，有时在文中使用一句“隐语”，使读者感到生动、活泼，并且渲染有力。例如《盐铁论·大论篇》：“胶车倏逢雨，请与诸生解。”这两句话是大夫与文学辩论的结束语。“胶车倏逢雨”就是隐语。胶车是用胶粘的车；“倏”是长久。一辆用胶粘着的车而长久遇到大雨，这种车自然就会散开，因此，“胶车倏逢雨”只表明“散了吧”！反过来说也就是“不要再纠缠在某些问题上没完没了地辩论不休了”。大夫说“我用‘胶车倏逢雨’的形象，跟你们诸生结束这场大辩论吧！”这样一场严肃激烈的大辩论，以如此轻松巧妙的隐语作结，真是妙趣横生。

又如《后汉书·文苑传》所记黄祖杀祢衡一事：

> 黄祖在蒙冲船上大会宾客，而衡言不逊顺。祖惭，乃诃之。衡更熟视，曰："死公云等道。"

"死公云等道"是隐语。"死公"是"鬼"，"云"是"话"，"等"是"什么"，即唐人的"底"，"道"是"说"。"死公云等道"即"你说什么鬼话"。而清汪中《吊黄祖文》中却说："何死公之等道兮，乃众辱于白衣。"把"云"换成"之"，义即不通，这也反映汪中对此隐语不甚了了。

隐语在古代文献中是应用得很普遍的。后来在戏曲中更是俯拾皆是。例如元曲《救风尘》第一折〔赚煞〕中"吐下鲜红血，则当作苏木水"这句话，苏木水是在舞台上用的假血，这句话的意思就是你把我的真心当成了假意。到了近代，隐语进一步发展成歇后语和谜语。

以上诸例，说明训诂学者为了阐明文意往往要说明作者使用了什么修辞手段。而这种方法对我们理解古代文献的内容以及词汇的发展，是颇为重要的。

（五）阐明表达方法

说明文章的特殊表达方法，也是训诂学的一个内容。周秦文章的表达方法有时与现代汉语很不相同。而这种表达方法所运用的词句结构，又不属于语法范畴。黄侃先生说过："古书文句驳荦奇该者众，不悉其例，不能得其意指，言文法者，于此又有所未暇也。"

历代训诂学者在分析词义、语义时，无不关心古人词言表达的特殊情状。因为有的词言表达，与一般文章不同，不求其词言之情，则语意茫然，甚至发生误解。比如《诗·鄘风·柏舟》："母也天只，不谅人只！"《毛传》："天谓父也。"孔颖达《毛诗正义》申述毛义说："先母后天，取其韵句。"黄侃先生说："变父言天，亦取韵句耳。"诗文"也"、"只"皆语词，原应说："父呀！母呀！不谅人呀！"这种错综变化是因为韵文的关系。这类现象与《周易·小畜》"既雨既处"相同，本应说"既雨既霁"，"霁"乃雨止，"处""止"同义，因为句中用韵的缘故，变"止"为"处"，与"雨"谐韵。又如《礼记·祭统》："天子亲耕于南郊以共齐盛；王后蚕于北郊以共纯服。诸侯耕于东郊亦以共齐盛，夫人蚕于北郊以共冕服。”郑玄注：“纯服亦冕服也，互言之尔。纯以见缯色，冕以著祭服。”据郑说，“冕服”即“纯服”，皆谓祭祀的礼服。凡祭服之制，一方面必须是黑色，一方面必须戴冕，所以说到天子、诸侯的祭服，应该既说其服色又说戴冕，其义始备。此“互文备义”之例。又《礼记·文王世子》：“诸父守贵宫、贵室；诸子诸孙守下宫、下室。”又曰：“诸父诸兄守贵室，子弟守下室，而让道备矣。”郑玄注：“贵者守贵，贱者守贱。上言父子孙，此言兄弟，互相备也。”案宫指宗庙，室指寝。贵宫指不祧之庙（指后稷、文、武之庙），下宫指亲庙（指高、曾、祖、祢之庙）。贵室指路寝，下室指燕寝。实际是说，诸父、诸兄守贵宫贵室，诸子诸孙诸弟守下宫下室。此亦郑玄所谓“互文备义”之例。

训诂学家都认为分析古人表达的体例是训释古书的很重要的内容和方法，所以汉唐训诂书中发凡起例之处甚多，直至清人顾炎武、王念孙、王引之等诠释古书，也往往分析古人行文中词言表达的情状。其后，俞樾认为“执今人寻行数墨之文法，而以读周秦两汉之书”是不能理解的，于是作《古书疑义举例》，分析了先秦两汉文章的表达方法，综合汉唐训诂有关表达方面的注释。黄侃先生曾汇集顾、王、俞的成书（以《古书疑义举例》为主），择取其要，概括规律，“分为五科（一、倒文；二、省文；三、复文；四、变文；五、足句），科有细目。举旧文以明之，皆辨审文句之事”，成《古书文句异例》一文，载于《〈文心雕龙〉札记》中。黄侃先生的遗书具在，可供参考。现选择一些重要条目，加以诠释，据此可以了解古今词言表达情状差异很大，如不说明其体例，则语意不能明，词义不得解。兹分述于下：

第一，古代叙事的文章，大体分为“记言”、“叙事”两类。古代传说的“左史记言，右史记事”，实际是说明何者是“言”，何者是“事”，必须要区分清楚，不能混杂，这是史传文的体例。今考《尚书》、《左传》、《史记》记言与叙事之中，不同于常文表达情况的，约有三例：

一、记一人之语中加“曰”字。如：

> 《左传·哀公十三年》：胜谓石乞曰：“王与二卿士皆五百人当之，则可矣。”乞曰：“不可得也。”曰：“市南有熊宜僚者。若得之，可以当五百人矣。”

这段是记白公胜与其党徒石乞的对话。胜谋杀楚国大臣子西、子期，劫楚惠王，所以白公对石乞说，“王与二卿士皆五百人当之则可矣”。但下面两“曰”字皆记石乞答辞。既然“石乞曰”以下都是记录石乞一个人的答话，为什么中间多加一个“曰”字呢？因为白公胜询问石乞，是让他网罗五百战士，石乞说，“不能得五百人”，则已经回答了白公胜。下面所说的“市南有熊宜僚者”两句，乃石乞另一种建议，是说“熊宜僚一个人可以相抵五百个战士”。记录石乞一人之语，中间插入一个“曰”字，是表达了所谓“更端之语”。《尚书·牧誓》记武王一人连续之语用一个“曰”字，两个“王曰”，也是记者加以“更端”。

> 《论语·阳货》：（阳货）谓孔子曰：“来，予与尔言。”曰：“怀其宝而迷其邦，可谓仁乎？曰，不可。好从事而亟失时，可谓知乎？曰，不可。日月逝矣，岁不我与。”孔子曰：“诺，吾将仕矣。”

这一段只从“孔子曰”以下才是孔子的答语，以上都是阳货对孔子说的话，并且是阳货自为问答之词。

二、记二人之语省“曰”字。如：

> 《礼记·檀弓》：悼公之丧，季昭子问于孟敬子

曰："为君何食？"敬子曰："食粥，天下之达礼也。""吾三臣者之不能居公室也，四方莫不闻矣。勉而为瘠则吾能，毋乃使人疑夫不以情居瘠者乎哉！我则食食。"

这段自"吾三臣者"以下，乃季昭子对孟敬子的答辞，而省掉"曰"字。"瘠"，《说文》作"膌"，训"瘦也"，古文作"康"。"为瘠""居瘠"指居丧言。《诗经》作"棘人"，《桧风·素冠》："棘人栾栾兮"。《毛传》："栾栾，瘠貌。"《郑笺》："栾栾然瘠瘦也。"则"瘠"、"棘"通用，为居丧人的形象。

三、记言中有叙事。如：

《左传·僖公三十三年》：秦伯素服郊次，向师而哭。曰："孤违蹇叔以辱二三子，孤之罪也；不替孟明，孤之过也。大夫何罪？且吾不以一眚掩大德。"

这段里"不替孟明"是左氏记事之语。秦穆公的话自"孤违蹇叔"至"掩大德"是连续说的。但在说话当中，秦穆公表示了不废孟明为卿的行动。当时穆公用孝服执丧礼在郊次迎接孟明，则孟明必服罪衣自缚见穆公，“不替孟明”可能是指褫其衣、解其缚以表示恢复卿位的行动。又如：

《史记·周本纪》：尹佚筴祝曰：“殷之末孙季纣殄废先王明德，侮蔑神祇不祀，昏暴商邑百姓。其章显闻于昊天上帝。”于是武王再拜稽首。曰：“膺更大命，革殷受天明命。”武王又再拜稽首。

上文以“于是武王再拜稽首”八个字夹叙于祝文之中，是记者叙武王的动作。下“曰”字是史佚更读祝筴文。这种言事兼录的体例，古代文章中很多，举不胜举。直至今天我们记录某些演说，有时也是言事兼叙，不过把叙事部分加上个括弧，如“（热烈鼓掌）”或“（大笑）”等，作为插叙，这样就比古汉语更加清晰了。

第二，古人引书或记言，往往有引文不全和录语未竟的情况。引文不全的情况，比如：

《周易·同人》：象曰：“同人之先……以中直也。”

全文本是“九三，同人之先号咷而后笑”。象辞本谓“同人之先号咷而后笑，以中直也”。但只说“同人之先”，实用首四字代表全句，此引书的省略。又如许慎《说文解字叙》：“予欲观古文之象”。此引《尚书·益稷》文。原文是“予欲观古文之象，日、月、星辰、山龙、华虫作会，宗彝、藻、火、粉、米、黼（fǔ）、黻（fú）、絺（chì）、绣，从五采彰施于五色作服”。这是一个完整的句子。其中的“日、月、星辰”等，指的是衣裳上的彩色图案。许慎所引用的只是第一分句，这是因为他把“象”作文字讲了（文字是符号，也是形象）。这是借用古书的句子来表达自己的观点，即所谓“断章取义”①。

录语未竟的情况，其例也很多。如：

> 《左传·襄公二十五年》：盟国人于大宫。曰：“所不与崔庆者……”晏子仰天叹曰：“婴所不唯忠于君利社稷者是与，有如上帝。”

这段记载的是齐崔杼弑庄公而立景公，崔杼为相，庆舍为左

① 《左传·襄公二十八年》：“赋诗断章，余取所求焉。”此言赋诗不泥其本义，而借古人的话说自己的意思。

相，盟誓群臣的一段史事。杜预注：“读书（按：指盟书）未终，晏子抄答易其辞。”这就是说，“所不与崔庆者”是半句话，录语未终，而晏子抢上来接了后半句，把盟词改了。又如《史记·汉高祖本纪》：“诸君必以为便，便国家……”这段记载的是诸侯及将相请刘邦称皇帝尊号时刘邦说的一段话。当时刘邦推谢德薄，“不敢当帝位”。群臣又劝进，刘邦三让，于是说“诸君必以为便，便国家……”是表示可暂当帝位。这里因为“即帝位”的话不好直说，所以仅仅说到“便，便国家”，话就停住了，没有后文。以上缺文乃描叙古人词言之情。

第三，又有“省略之例”。如：

《左传·定公四年》：楚人为食，吴人及之。奔。食而从之。

“奔”不言楚人，“食而从之”不言吴人，皆蒙上文而省略。又如：

《诗·豳风·七月》：七月在野，八月在宇，九月在户，十月蟋蟀入我床下。

在野，在宇，在户者皆蟋蟀。不言蟋蟀，是因蒙下文而省略。

另外，有“前文隐没，后文始显明前文”之例，这也应属于“省略”的表达方法。如：

> 《礼记·曲礼》：天子谓之伯父，异姓谓之伯舅。

此文应是：“天子同姓谓之伯父，异姓谓之伯舅。”但因为下文指明“异姓”，则上文“伯父”是对“同姓”而言已不问可知，无需辞费了。又如：

> 《礼记·檀弓》：晋献公之丧，秦穆公使人吊公子重耳。……子显以致命于秦穆公。

上文仅言“使人”，未言其为谁，直到后面说“致命”时，始显其人。这种简练精确的表达方法，在古汉语中，例子是很多的。

第四，与省略相对立的是复用和连类并称。这在古代文章里，也是常见的。有字、词的复用，有句子的复用。字、词的复用中，又有同义词的复用（古汉语多为两个词复用，但也有三个复用、四个复用）、语词的叠用等，都属于常用的表达方式，无需举例说明。下面仅举“连类并称”和“反义词对举”二例。

连类并称，指两个字或词的义类相因而牵连之，但所指只取其中一词之义。比如：

> 《孟子·告子》篇：华周、杞梁之妻善哭其夫而变国俗。

华周、杞梁事迹始见《左传·襄公二十三年》[1]，但《左传》仅述“杞梁妻”事。《礼记·檀弓》亦载此事，但言“杞梁妻迎其柩于路而哭之，哀”。《论衡·感虚》也说：“《传书》言杞梁氏之妻向城而哭，城为之崩。”汉代诗歌、乐府皆言“杞梁妻”之哭。可见哭夫为杞梁妻事，与华周妻无关。但华周、杞梁同为齐国战士，并同在袭莒战役中战死，故连类言之。

又如《论语·宪问》：“肆诸市朝。”“肆”即“杀”字。古代行刑杀人皆在市，并无在朝杀人之事。如《左传》

---

① 《左传》说：“杞殖、华还载甲夜入且于之隧，宿于莒郊。明日，先遇莒子于蒲侯氏。莒子重赂之使无死。曰：‘请有盟。’华周对曰：‘贪货弃命，亦君所恶也。昏而受命，日未中而弃之，何以事君？’莒子亲鼓之，从而伐之。获杞梁，莒人行成。齐侯归，遇杞梁之妻于郊。使吊之。辞曰：‘殖之有罪，何辱命焉。若免于罪，犹有先人之敝庐在，下妾不得与郊吊。’齐侯归，吊诸其室。”

记载杀人，有“杀诸绛市，六日而苏”（见《左传·宣公八年》）、“杀瑕辛于市”（见《左传·昭公十二年》）、“赵孟尸诸市”（见《左传·定公十四年》）等。汉代杀人叫“弃市”，晚近的封建王朝也一直是杀人于市。故明代虽有廷杖，而杀人则在西单甘石桥。清代杀人在菜市口。为什么说“肆诸市朝”呢？因“市”与“朝”皆清晓集会之所。朝是君臣集会场所，市为人民交易的场所，两字义类相因，故牵连用之。至于俗间小说、戏剧所谓“推出午门斩首”，乃误解“市朝”之义。

以上两例，都是古人行文中两字或两词义类相因而牵连并称的。

至于反义词对举，则是连用词义对立、矛盾的两个词，但只强调矛盾的一个方面。比如：

> 《史记·刺客列传》：多人不能无生得失，生得失则语泄。

两句都是得失并举，而其意仅在于“生失”（产生过错）。又如《史记·仓公列传》：“缓急无可使者。”这里实际说的是“急时乃无可使用”。

以上二例都是“反义词对举”。因为这类对举的反义词在当时还没有组成一个词，所以仍属字、词复用之例。

用重复句子的表达方法，当然是为了加重和强调语气，同时也为了协调音律，和谐声韵。所以《诗经》里重句极多。今仅就散文中的重句举例如下：

《周易·系辞》：言天下之至赜（zé 责）而不可恶也，言天下之至赜而不可乱也。

下“赜”字郑玄本、虞翻本、王弼本皆同。今本作“动”，恐后人所改。重复“言天下之至赜”，强调《易经》的卦象包含着极其深奥隐微的道理，故“不可恶”、“不可乱”。

《孟子·梁惠王》：故王之不王，非挟泰山以超北海之类也。王之不王，是折枝之类也。

重复“王之不王”，强调判断。

总之，阐明、归纳古书的表达方法是训诂的一项重要内容。所以古书上的表达方法也一直为历代训诂学者所重视。但有关古书上表达方法的论述，不仅为数不多，且有值得商榷之处。为了进一步提高这一问题的研究水平，我们应作更大的努力。

（六）串讲大意

汉代注释家解释古书，往往在解释词义之外，再串讲文章大意，他们把这种解说方法叫“章句”。流传到现在的以“章句”为名的注释书，有后汉赵岐的《孟子章句》和王逸的《楚辞章句》等。比如《孟子·梁惠王上》“孟子见梁惠王。王曰：‘叟不远千里而来，亦将有以利吾国乎？’”一节，赵岐的《章句》说：“曰，辞也。叟，长老之称也，犹父也。孟子去齐，老而之魏，故王尊礼之。曰：‘父不远千里之路而来至此，亦将有可以为寡人兴利除害者乎？’”这一段注释从“曰，辞也”到“犹父也”是逐词作的词义训释；从“孟子去齐”到“为寡人兴利除害者乎”则是串讲这一节的文意。王逸的《楚辞章句》也是这种体例。他以“帝高阳之苗裔兮”至“字余曰灵均”为一章，逐句作了解释。像“朕皇考曰伯庸”句，先把“朕”、“皇考”、“伯庸”作了字义的解释，然后串讲这句话说：“屈原言我父伯庸体有美德，以忠辅楚，世有令名，以及于己。”我们从这里可以看出“章句”的体例就是串讲，串讲的作用是使文章的章节文意更加显明，句读分析更加清楚。因为训诂不仅是注释词义，而且包括说明文意、分析句读、阐述语法和修辞手段、说明表达方法、辨明篇章结构等等，所以应该把“章句”看成是训诂的一个方面。

其实，毛亨《诗经诂训传》已建立了章句学的体例，并且是章句学的典范。毛亨在每篇诗后分析了“章”和“句”，在《诂训传》中，除去解释字义、词义之外，有许多地方是串讲大意的，并且往往把诗人在字面之外所表达的心理活动也阐发出来。比如：

> 《周南·关雎》：窈窕淑女，君子好逑。《毛传》：“窈窕，幽闲也。淑，善；逑，匹也。言后妃有关雎之德，是幽闲贞专之善女，宜为君子之好匹。”

毛亨对这两句诗的诂训可分成两个部分：第一部分是训释“窈窕”、“淑”、“逑”的词义；第二部分从“言后妃”到“好匹”是串讲两句诗的大意。我们应该注意的是，在串讲里出现了“宜为”两个字。在另外两章中，“窈窕淑女，琴瑟友之”，《毛传》说，“宜以琴瑟友乐之”；“窈窕淑女，钟鼓乐之”，《毛传》说，“德盛者宜有钟鼓之乐”。在这篇诗的串讲中，毛亨提出的“宜为”、“宜以”、“宜有”等，都不是《诗经》原文，也不是由哪个词引申出来的意义。这是毛亨根据全诗的基调，认为“君子好逑”、“琴瑟友之”、“钟鼓乐之”都是诗人的一种向往，并不是已成的事实，所以用“宜为”、“宜以”、“宜有”来说明。他的解释是：“如果有这样德美兼备的女子，应当成为君子的嘉偶；应当用琴瑟之音以谐好；应当有钟鼓之音以相乐。”又如：

> 《邶风·匏有苦叶》：人涉卬否，卬须我友。《毛传》：“卬，我也。人皆涉。我友未至，我独待之。以言室家之道，非得所适，贞女不行；非得礼义，昏姻不成。”

毛亨这一段解释，也分为“词义”和“串讲”两个部分。从“人皆涉”到“我独待之”是串讲，意思是：“别人渡河我不渡河，我等待我的朋友。”他用“待”字解释“须”，这是在串讲当中解释词义。“以言”以下是对诗意的阐发。在这里主要是发挥了这两句诗的比喻意义和含蓄的言外之意，说明诗人是借以斥责强暴的男子不得侵凌胸有正义的女子，不得强行非礼成婚，从而反映了诗人坚决反抗的态度。

从上面的例子可以看出，毛亨作《诗经诂训传》在许多地方已具有“训义”和“串讲”两个组成部分，而这两个部分，互相补充，互相证明，使读者对原文的了解更全面，更准确，实际上开辟了汉代的章句体例。

另外，《毛诗诂训传》对某些诗句只有串讲，没有解释词义。可是仔细捉摸一下，释词就寓于串讲之中，这就更显得用词简洁，解释明确了。比如：

> 《邶风·绿衣》：心之忧矣，曷维其已。《毛传》：“忧虽欲自止，何时能止也。”

这段话是串讲，其中用“何时”解释“曷”，用“止”解释“已”。他虽然没有特别把“曷”、“已”提出来解释，可是两个字的词义已经运用在串讲里头了。又如：

> 《王风·葛藟》：终远兄弟，谓他人父。《毛传》：“兄弟之道已相远矣。”

这首诗的大意是说，王室衰微，不能维护自己的宗族，抛弃了自己的兄弟，使他们流离失所。毛亨对“终远兄弟”的解释，也仅仅采用了串讲的形式。可是在串讲中，用“已”解释了“终”，这等于说“终”的用法属于现代语法中所说的副词。

由上面的例证，可知串讲是章句的基本形式，在串讲当中，包括了词义的解释、语法的分析、篇章结构的辨识等，所以，串讲大意也是训诂的一个重要内容。

《毛诗诂训传》还有另一种章句的类型，就是对某些句子里的某个词，在释词方面既没有提出对这个词的词义解释，在串讲方面也没有涉及到这个词的词义，而是在串讲当中展示出和这个词有关的一些说法，使人“由此及彼”地觉察到这个词到底是怎么一回事。比如：

> 《小雅·六月》：比物四骊，闲之维则。《毛传》：“物，毛物也。则，法也。言先教战然后用师。”

毛亨解释了第一句中的“物”字作“颜色”讲，毛物即毛色，意思是：按照毛色选择出四匹青黑色的马驾车（车是戎车，以进行车战）。对第二句只解释了“则”字。然后用“先教战然后用师”来串讲大意。无论释词和串讲这两方面都没有涉及到诗中“闲”字的意义。但是我们仔细想一想，便会理会到串讲的七个字是告诉我们“闲之维则”这句话是指“教战”说的，而不是指“用师”说的。由此，我们又可以进一步弄清“教战”和“闲之”的关系，从而理解到“闲”在这里是“熟习”、“熟练”的意思，“之”在这里是指“作战”。那么，这句诗的大意也就豁然贯通了，那就是：“在教战当中，使战士和马熟习了作战的法则。”

又如《小雅·何草不黄》：“何人不将。”《毛传》：“言万民无不从役。”毛亨对诗句中的“将”字没有作出词义的解释，仅仅说“无不从役”。他是想用“从役”来引导人们联系到当时的习用语“行役”（《郑笺》屡言“行役”，如《王风·君子于役》，郑玄说“往行役”等），实际上就是用“行”解释“将”。不过，这里的“行”是特指“从役之行”，这样就比直接用“行”训“将”更具体更明确了。这种例子在《毛诗诂训传》中也是很多的。

章句虽然是训诂学的一个组成部分，一个好办法，但是，有时也会产生繁琐重复、支离破碎的弊病。举例来说，像《左传·宣公二年》孔疏就是如此。该处有一段记载宋国和郑国在大棘（地名）的战役。这次战争，宋国主帅华元受其御者的陷害被郑军俘虏了。后来宋国用“兵车百乘”、“文马百驷”去赎华元。“兵车”、“文马”刚刚送去一半，华元就逃回来了。原文中这时记载了一段对话说：“见叔牂。曰：‘子之马然也。’对曰：‘非马也，其人也。’既合而来奔。”唐代孔颖达《左传正义》在对这几句话进行解说时，用了大量的篇幅引用后汉服虔所根据的三种解释，都认为“子之马然”是叔牂说的话，“对曰”以下是华元的答话。这三种解释是：

一、贾逵说：“叔牂，宋守门大夫。华元既见叔牂，即谓华元曰：‘子见获于郑者，是由子之马使然也。’华元对曰：‘非马自奔也，其人为之也。’谓羊斟驱入郑。奔，走也。言宋人赎我之事既和合，而我即来奔耳。”

二、郑众说：“叔牂即羊斟也[①]。在先得归。华元见叔牂，叔牂既诬之曰：‘奔入郑军者，子之马然也，非我也。’华元对曰：‘非马也，其人也。’言是汝驱之耳。叔牂既与华元合语而即来奔。”

三、另一说：“叔牂，宋人。见宋以马赎华元，谓元以赎得归，谓元曰：‘子之得来，当以马赎故然。’华元曰：‘非马也，其人也。’言己不由马赎，自以人事来耳。赎事既合而我即来奔。”

---

① 华元的御者是否叫“羊斟”？司马迁《史记》有三篇记其事。《郑世家》：“不与其御羊斟。”《宋世家》：“其御羊羹不及。”《十二诸侯年表》：“华元以羊羹陷于郑。”据司马迁之说，则羊羹即羊斟，是食物，非人名。证以《吕览》、《淮南》，则羊斟非人名益明。盖华元的御者即叔牂，叔牂本名羊。《左传》当作“其御羊斟不与”。下文当作“君子谓羊非人也”，“其羊之谓乎”。今本上文脱“羊”字，下文妄增“斟”字，以致文义不明。

这三种解释，都采用的章句体例。原文仅十几个字，按说只要用上几句话作串讲，就可以解释清楚。可是这三说，反复地引用原文，还添上很多词语，繁琐重复，铺张篇幅。这就不能不说是章句的流弊了。尤有甚者，那就是有些人使章句学走向了繁琐主义，连篇累牍而不能说明问题。像西汉今文经师叫秦恭的，他用了十几万字来解释《尧典》篇名的两个字，又用三万字仅仅解释“曰若稽古”一句话[①]。这是一种极不好的学风，也是最恶劣的文风。但是毛亨《诗经诂训传》的章句，则用辞简练，训释赅备，发挥了章句学的长处，使章句成为训诂学不可缺少的方面，并且为注释家树立了优良的典范。

（七）分析篇章结构

篇章结构是文章的组织形式，是文章中表达思想的线索。过去，讲文学的人非常重视它，例如刘勰在《文心雕龙·章句》中就论述了谋篇的重要性和它的基本原则。其实，分析文章的篇章结构也属于训诂学的范围，因为，要更好地理解文章的思想内容和表达方法，就必须掌握它的组织脉络。组织脉络

---

① 秦恭本西汉人，字延君，传小夏侯《尚书》。见《汉书·儒林传》之《张山拊传》。后汉桓谭《新论》：“秦延君说《尧典》篇目两字之义，至十余万言；但说‘曰若稽古’三万言。”

明确了，对某些词、某些句，以至某些章节在全文中所表达的意义才能有更深入的了解。训诂学既然是要研究怎样解释语义、阐述内容，那么，也就必然要分析文章的篇章结构。比如：

　　《论语·学而》：学而时习之，不亦说乎。有朋自远方来，不亦乐乎。人不知而不愠，不亦君子乎。

这三句看来并不相关的话，为什么要联成一个章节呢？《史记·孔子世家》说过："定公五年……孔子不仕。退而修诗、书、礼、乐。弟子弥众，至自远方，莫不受业焉。"根据《史记》这段记载，我们就能理解这一章节的篇章结构，弄清这三句话之间的联系，从而更好地了解这一章的大意。原来这一章就是孔子自述定公五年整理诗、书和制定礼、乐，教育学生的心情的。"学而时习之"是指"修订诗、书、礼、乐"说的（《论语》这部书中凡讲到"为学"都是指学习诗、书、礼、乐）。"有朋自远方来"是指"弟子弥众，至自远方，莫不受业焉"说的。先秦时代称学生为"朋友"，如《孟子》中所说的"朋友"，有的就是对学生的称谓。"人不知而不愠"是指"不仕"说的。《论语》里常说"人知之"、"人不知”，是表示有没有人推荐做官的意思。比如《先进》篇说：“居则曰，‘不吾知也。’如或知尔，则何以哉？”意思是：“平常的时候，就说‘没有人举荐我们做官。’假如有人举荐你们，你们能拿出什么本领呢？”通过上面的分析，可见这三句话是有联系的，孔子正是通过这三句话来表明自己当时的境遇和心情。因为孔子一生的事业，最重要的是整理“六经”，即所谓“述而不作”，使古代文化得传于后世，这是他的不可磨灭的功绩。再者，孔子在一生的教学实践中成为杰出的教育家，并且开创了私人讲学的风气，这也是他对社会的重大贡献。所以编辑《论语》者把这一段话放在《论语》的篇首是有其用意的。

历代训诂学家一向注意篇章结构的分析。汉人的章句，其弊是繁言碎辞，但在说明章旨、分析段落、指明线索、揭示大意等方面，对读者是很有裨益的。例如《离骚》“跪敷衽以陈辞”句下，王逸《楚辞章句》说：“陈辞于重华，道羿浇以下也。故下句云‘发轫于苍梧’也。”他这里指出的是“跪敷衽以陈辞”这句话在篇章结构中的作用。他首先指出这句话是与前文“就重华而陈辞”相照应的，“陈辞”的内容就是上文“羿浇以下”的那些话，因此这句话是总束上文的，不应该理解为开出下文。他又指出下文有“朝发轫于苍梧”这句话，说的正是“陈辞”以后从舜所居的苍梧起程的事，所以可以证明“跪敷衽以陈辞”是总束上文的。通过王逸对这句话在篇章结构中所起作用的分析，我们也就能够正确地掌握文章的思想脉络，从而理解到“跪敷衽以陈辞兮，耿吾既得此中正”这两句话是写作者向舜陈辞以后更明确了自己的政治主张是“得此中正”的，因而更坚定了要贯彻到底的意志。同时我们也理解到“驷玉虬以乘鷖兮，溘埃风余上征。朝发轫于苍梧兮，夕余至乎县圃”以下是写作者怎样积极努力于寻求实现自己的政治主张的道路。所以，王逸的这个分析，对我们掌握文章的组织和线索，从而理解全文的思想内容是很有帮助的。

作家要写好一篇文章，必然要对全文的篇章结构安排出一个计划，尤其是在表达一个比较复杂的思想内容或是记载一个头绪纷繁的事件的时候，更是要对文章的组织脉络精心地加以安排，才能收到思路明晰和条理清楚的效果。我们读作品时也是一样，首先要着重分析它的篇章线索，才能对全文的思想内容或整个事件的发展过程得到全面的明晰的了解。比如《左传·僖公二十八年》叙述晋楚城濮之战后重耳主持的践土盟会的故事说：“晋军三日馆谷，及癸酉而还。甲午至于衡雍，作王宫于践土。”这四句话是全文篇章结构的关键。“晋军三日馆谷，及癸酉而还”是城濮之战的结束语，应当连属到上一段去。“甲午至于衡雍，作王宫于践土”是下面一段文章的开端。这是因为下文有许多历史事实，如晋侯向周王报告胜利和面献俘虏、周王慰劳晋军、封重耳为侯伯、晋国留诸侯作践土之盟等，都需要一件一件写进去。所以用“甲午至于衡雍，作王宫于践土”两句，提出了一个新的环境。“甲午”这一天离开“癸酉”已经二十一天了，晋军从城濮回国，从卫辉入怀庆，渡黄河往北到衡雍，这是文章的一条线索。另外，周王听说晋军打了胜仗，也从首都北上，渡过黄河，在中途等待晋军，并且在践土地方建筑了王宫（践土就在衡雍附近），这是文章的又一条线索。这两条线索汇合在一起作成焦点，然后再叙述下面的事情，那就十分清楚了。这种利用两句话承上启下的叙事方法，使全篇局势明朗、事理清楚，并且节省了许多枝枝蔓蔓的话，确是篇章结构的妙用。

又如《史记·项羽本纪》记载巨鹿之战这一段，首先写了交战各方的情况：一方是“赵歇为王，陈余为将，张耳为相，皆走入巨鹿城……陈余为将，将卒数万人而军巨鹿之北，此所谓河北之军也”。一方是“章邯令王离涉间围巨鹿。章邯军其南，筑甬道而输之粟”。另一方是由于定陶兵败而心怀恐惧的楚怀王，他的军事部署是“以（宋义）为上将军，项羽为鲁公，为次将，范增为末将，救赵”。我们只要把这几方面的情况看清楚，那么对于下文所描写的项羽如何杀掉宋义，怀王如何使项羽为上将军，陈余如何请兵，项羽如何“悉引兵渡河，皆沉船，破釜甑，烧庐舍，持三日粮，以示士卒必死，无一还心”，以及如何绝甬道，虏王离，大破秦军等一系列的情况，就都能了然于胸，从而对于项羽的高超的军事才能和在这次战役中起到的重大作用得到一个深刻的印象。这固然是因为作者在篇章结构上进行了严密的安排，同时，我们也必须善于把握作者所安排的线索，才能正确地理解文章各部分之间的有机联系，更好地掌握全文的思想内容，增强阅读的效果。从这一点来看，过去的训诂学家重视分析篇章结构的工作，是很有道理的。

乙、保存在文献正文中的训诂内容

这里，我们将要谈一个不易被人注意的方面，就是在古代文献正文中蕴藏着丰富的宝贵的训诂资料。这些资料有时以一种特殊的表达方式存在于正文之中，往往被人忽略。但它是正文的有机组成部分。这种夹在正文中解释词义、阐明语法的办法有很多优点：对于正文来说，它不但可以避免由于文外加注而造成的支离破碎的毛病，而且可以起到条目分明、渲染周到的积极作用，有时还可以使语法结构富于变化，把思想表达得更准确、鲜明、生动。对于训诂学来说，它是可贵的财富。我们如果把这方面的资料收集起来，总结它的规则，阐明它的体例，以进一步理解训诂的意义，探讨释解的奥妙，对于训诂学的发展一定有较大的帮助。

存在于周秦古籍正文中的诠释文字，实际就是训诂方法的开端。它的体例，约有两种类型：其一，是以训诂的形式出现的正文。这是很明显的训诂办法。其二，是以正文形式出现的训诂。它不以训诂形式出现，看上去好像就是正文，但实际上是一种训诂。它在语言结构方面，组织更加细密；在思想表达方面，形式更为灵活。这也是训诂中最好的范例。

（一）以训诂形式出现的正文

以训诂形式出现的正文，有的在古书里是用原字解释原字的“同字为训”。例如：

《周易》：蒙者，蒙也。　比者，比也。

《礼记·郊特牲》：壻亲御授绥，亲之也。（《哀公问》作：“冕而亲迎，亲之也。亲之也者，亲之也。”）

这种训诂方法的产生，是由于字有数义，故蒙卦之“蒙”以“童蒙”、“蒙昧”之义训之；亲迎之礼，以“亲爱”之义解之，亲爱之义又有使亲之义。郑玄注：“言己亲之，所以使之亲己。”按古人在行文当中，有时连续使用某字而其意义有别。如《左传·隐公元年》：“无（勿）使滋蔓。蔓，难图也。蔓草犹不可除，况君之宠弟乎？”第一句的“蔓”为滋蔓、蔓延之蔓（《毛传》：“蔓，延也”），是动词。第二句承上，“蔓”与上句同义，也是动词。第三句的“蔓”作定语，与“草”结成一词，即《诗经》“野有蔓草”之“蔓”。在这相连接的三句话中，每句都用了“蔓”字，而三“蔓”两义，皎然可辨。若遇有不易辨别的词义，则古文中常随处注解，而“同字为训”即其方法之一。

汉代训诂学者并不废弃“同字为训”的体例，而大多数用“异体字”或“古今字”相互为释，如《说文·鸟部》：“舄，䧿也。”䧿即舄的重文；《鬲（lì历）部》：“鬲，甂也。”甂即鬲字的异体（《汉令》作“甂”）。《尔雅·释诂》：“于，於也。”段玉裁说：“于、於二字，在周时为古今字。”又如：

《周易》：咸，感也。　夬，决也。　兑，说也。

《大戴礼记·诰志》：明，孟也。幽，幼也。

以上是声音的训诂。

荀况说："名闻而实喻，名之用也。"（《荀子·正名篇》）这说明了语词主要是用声音来反映客观事物和表达思想的。所以章炳麟先生在《国故论衡》中一再强调："治小学者，在乎比次声音，推迹故训，以得语言之本。"这说明只有以声音为线索，才能发掘出词义发展变化的系统性和规律性。

在周秦古书中很重视声音的训诂，上面举的例子，《周易》以形声系统互相训释求得卦名的语源；《大戴礼记》以同音字作训，找出词义的发展（光明与大、隐暗与小相引申）。其实，先秦古籍这种例子极多。如《论语·颜渊》："季康子问政于孔子。孔子曰，'政者，正也。子帅以正，孰敢不正。'""樊迟问仁，子曰，'爱人'；问知，子曰，'知人'。"这样用音训来解答问题，既简练，又明确，颇得训诂的妙用。又如《礼记》一书中，有用声音递相为训者，如："刑者，侀也。侀者，成也。""福者，備也；備者，備百顺之名也。"（见《祭统》）这是先以某字解释此字，再深入训释某字，则某字所包含的意义，亦为此字所兼有。这样，就能更清楚地了解所训释的字的音义了。也有一字数音，兼有数义的情况。如《礼记·射义》："射之为言绎也；或曰，舍也。"（"射"兼"设"、"叶"两音。）

上面所举的例证，是先秦古籍中根据语音的线索明辨字义的方法。这种方法给后代研究训诂的人指明了一条非常重要的道路，所以后汉郑玄有"就原文字之声类考训诂"的方法。

另外，先秦古籍中，义训的形式也非常广泛。如《易经·乾卦》："乾，元、亨、利、贞。"这是告诉我们，乾卦有"元""亨""利""贞"四种属性；同时，这句话也是在替"乾"字解释词义。在《文言》里更明显地用了训诂方法，说："元者，善之长也；亨者，嘉之会也；利者，义之和也；贞者，事之干也。"又《尚书·尧典》："诗言志；歌永言；声依咏；律和声。""言志"、"永言"、"依咏"、"和声"也都是"诗"、"歌"、"声"、"律"的词义的解释。由此可知，古书"义训"的运用极为灵活。其体例也有几种形式。如：

> 《周易·系辞》：象者，材也。
>
> 《周易·说卦》：震，动也。

这两例是"互训"。首先，互训的原则是两词互相比较。两词怎么能互相比较呢？那就必须是这两词的意义和用法相近或相当。“震”与“动”容易理解，“彖”与“材”则难通。《说文·彑（jì）部》：“彖，豕走也。”《木部》：“材，梃也。”其实“材”与“才”同字，“彖”与“耑”声借，而“耑”与“才”可以互训。其次，“才”字引申训为草木的原质，凡草木之初生，已具备成长后的品物，故种桑成桑，种柳成柳。《周易》中的“彖辞”是说一卦的原质的，所以彖训为材。又如春秋时代卫灵公的长兄因为有“足疾”起名叫“孟縶”。当时人常常用生理上的缺陷作名字，孟縶就是一个典型的例子。所以《左传》和《穀梁传》在记述他的事迹的同时，都给孟縶命名的含义作了解释。

> 《左传·昭公二十年》：孟縶之足，不良，能行。
>
> 《穀梁传·昭公二十年》：辄者何？曰，两足不能相过，齐谓之綦，楚谓之踂，卫谓之辄。

“辄”与“縶”古音相同，“辄”即“縶”字，读平声则念“垫”（“縶”、“垫”皆从“执”得声）。今语作“踮”，即所谓“踮脚”。这两部书对“縶”字都运用训诂方法作出解释，尤其是《穀梁传》用“两足不能相过”六个字来说明“𨇨”的概念，形象就更加突出了。健康人走起路来，总是左脚先迈过右脚，然后右脚又迈过左脚向前进的。这是“两足相过”的正常姿态。孟𨇨一只脚有毛病，走起路来只能迈一只脚，跟上一只脚，一瘸一踮地向前进，所以成了“两足不能相过”的形象了。这也是古书正文里运用训诂解释词义的最好范例。

又古代专书皆有“词例”，并在正文解释词义。如《周礼》：“春见曰朝；夏见曰宗。”（与《诗经》“朝宗于海”用词不同。）《左传·庄公十一年》：“凡师，敌未陈曰败某师，皆陈曰战，大崩曰败绩，得儁曰克，覆而败之曰取某师。”这都是针对本书用词条例的解释，有时与该语词的一般意义不完全吻合。

古书中义训，也有“举一字而伸其用”的训诂。如《礼记·坊记》：“礼者，因人之情而为之节文，以为民坊者也。”也有“举一字而穷其义”的训诂。如《左传·宣公十一年》：“夫武，禁暴、戢兵、保大、定功、安民、和众、丰财者也。”还有一种训诂，是在本书中引用他文，诠释他文，而伸其言外之意，进而又说明了当时的社会制度的。比如《孟子·滕文公》：“诗曰：‘雨我公田，遂及我私。’惟助为有公田。由此观之，虽周亦助也。”孟子引《诗·小雅·大田》

诗，作了解释。他用了“贡”、“助”、“彻”这三个美妙的字眼来说明夏、殷、周的力役之征，想掩盖奴隶社会的残酷剥削。但由《大田》诗中揭露出的奴隶社会“公田制”，充分说明了奴隶在奴隶主的压迫下，进行无偿的劳动的情况。

古书正文里不但可以解释字义、词义，而且也解释了许多语法问题。有的解释虚词的语法作用。比如，《左传·庄公七年》：“星陨如雨，与雨偕也。”杜预说：“偕，俱。”从表面上看，似添字解经。但实质上是认为“如”是连词，古书“而”“如”同声通用，是常见的现象。所以杜预在《春秋经》的注中说：“如，而也。”《左传》说明如（而）的连词的用法，表达了两种现象同时出现的意思，也就是杜预所说的“星落而且雨”。也有的说明虚词表示的状况，比如《穀梁传·襄公十二年》：“遂，继事也。”这是说明“遂”这个副词表示的状况：凡一种现象出现后紧跟着又出现另一种现象用“遂”。这里是说“季孙宿帅师救邰”与“入郓”这两件事是相继发生的。

古书正文中解释“虚词”的地方很多，有时还用两个相类的虚词相互比较，找出两个用法上的细微差别。比如《春秋》里记载着两件因为下雨没有按照原定的时间举行国葬的事。一个说到次日日中“而克葬”；一个说到次日的日落以后“乃大葬”。《公羊传》把“而”“乃”两个虚词进行了比较：

> 而者何？难也。乃者何？难也。曷为或言而，或言乃？乃难乎而也。

此外，在用词造句的语法结构上，古人特别重视汉语的语序问题，往往夹在正文中予以解释。比如：

> 《公羊传·僖公十六年》：春，王正月，戊申朔，霣石于宋五。是月，六鹢退飞，过宋都。曷为先言霣而后言石？霣石，记闻。闻其声填然，视之则石，察之则五……曷为先言六而后言鹢？六鹢退飞，记见也。视之则六，察之则鹢，徐而察之则退飞。

这段是说记述客观事物主要是依靠“听觉”与“视觉”感受事物的顺序，即荀子所说的“缘天官”，“形体、色、理，以目异。声音，清浊、调竽奇声，以耳异”。“征知，则缘耳而知声可也，缘目而知形可也。”（均见《正名》）这段说“霣石于宋五”的语序是由听觉开始，故曰记闻也。先听后视故知是“霣石”，落于宋地，然后察之则五。六鹢句则先缘“视觉”，故曰记见也。这也是一种语序的解释法。

以上所举古书中的训诂，无论是音训或义训，无论是解释词义或解释语法，都是以训诂形式出现的。

（二）以正文形式出现的训诂

有一种训诂材料混合在上下文里，不以训诂形式出现，而实际上起很重要的训诂作用。这种训诂必须仔细分析，才能理解它的训诂的意义。比如：

> 《左传·庄公三十二年》：圉人荦（luò 洛）自墙外与之戏。子般使鞭之。公曰：“不如杀之。是不可鞭。”荦有力焉，能投盖于稷门。

鲁庄公告诫公子般的话仅仅是：“不如杀之。是不可鞭。”“荦有力焉”二句，是《左传》作者插入的话，用来解释荦之不可鞭的缘故。当时鲁国人都知荦有力，庄公告诫其子，两句话已表达出命令口气。作者恐后世不知荦何以可杀不可鞭，故插入二句用为注释语。“能投盖于稷门”的解释有三说：一、服虔说：“能投千钧之重过门之上。”服以“过”训“盖”，稷门最高，以千钧之重过稷门是“有力焉”。二、杜预说："盖，覆也。稷门，鲁南门。走而自投，接其屋之桷（jué决），反覆门上。"杜以"投"为跳跃（犹"投水"为"跳河"）。跃稷门上之屋，以手攀屋上之桷，因而身覆屋顶，反覆门上。三、刘炫说："谓投车盖过于稷门。"刘意重物易投，物轻而帆风，投过城门，正见其多力。此三说皆可通，刘以车盖解之，似较允妥。

又如，《左传·襄公二十八年》记载卢蒲癸、王何等谋杀庆舍事。他们预定在十一月乘庆舍到齐国祖庙主持祭祀时动手。事前，庆舍的女儿——卢蒲癸的妻子卢蒲姜知道了这件事：

> 卢蒲姜谓癸曰："有事而不告我，必不捷。"癸告之。姜曰："夫子愎。莫之止，将不出。我请止之。"

这几句话看起来，好像只是人物的对话，实际上在对话当中，已经对庆舍这个人作了形象描写，用"莫之止将不出"六个字来突出庆舍的刚愎性格。意思是说：这个人你不叫他出来他偏出来，你请他出来他却不出来，如果没有人阻止他，他很可能不出来主持祭祀。所以这六个字不仅是生动地刻画了庆舍的别扭性情，而且是"愎"的含义最形象的注解。这就是"道形貌”的最好的范例。

再有，如果全文的语法结构非常缜密，思想线索非常清楚，前后贯注，混成一体，即所谓“句必比叙，义必关联”，其中往往也蕴藏着训诂的妙用。比如，《左传·僖公十五年》记载庆郑一段话：

> 古者大事必乘其产。生其水土而知其人心，安其教训而服习其道。唯所纳之，无不如志。今乘异产以从戎事，及惧而变，将与人易。乱气狡愤，阴血周作，张脉偾兴，外强中干。进退不可，周旋不能。君必悔之。

这一段是庆郑针对晋惠公在战争中使用郑国马驾车而说的。一开始提出“古者大事必乘其产”，“大事”指军事，“其产”是本国产的马。接着就申述“其产”的特点：其产安于水土，又熟习本国人的意志，这样，就具备了接受本国人训练的条件，然后在长时期训练之下，自然而然地会服从驾驭人的指挥。使用这种马，要进就进，要退就退，都能顺从驾驭人的意向。“异产”是别的国家产的马。如果用“异产”驾车去作战，到了战场上，会由于恐惧而反常，立刻就和驾驭人的意愿相反，表现出来的现象是：气质乖戾暴躁，周身的血液流动加快，血管膨胀，实质上是外强而中虚。这样的马，驾驭人既不能使它进退，怎么能叫它作战呢？这一段话里，“生其水土而知其人心，安其教训而服习其道”两个“排比”的句子，实际是对“其产”的注释，也就是申述“古者大事必乘其产”的真正理由。而“及惧而变，将与人易”是乘异产的结果，用“乱气狡愤，阴血周作，张脉偾兴，外强中干”四句作了“及惧而变”的注释；“进退不可，周旋不能”两句是“将与人易”的注释。这段话语法组织首尾圆合，句与句之间脉络清晰，但在不知不觉中，充分注释出词和句的含意。这也是运用训诂的最好范例。

以上三例是《左传》在行文中运用训诂所采用的三种形式。后世文章和诗歌也有很多这种范例。例如，西汉枚乘的《七发》中有这样一段：

> 于是伯乐相其前；王良、造父为之御；秦缺、楼季为之右。此两人者，马佚能止之，车覆能起之。于是使射千镒之金，争千里逐，此亦天下之至骏也。

这是叙述古代驾车赛马的故事。古代车上有三个人：“御者”在中央驾驭马；“车右”在右方，掌管车和马；“乘者”在左方，指挥前进。这段“于是”以下三句是驾车前的准备，先由善于相马的伯乐选择了良马，然后用善御马的王良或造父作“御者”，大力士秦缺或楼季作“车右”。第二个“于是”以下三句叙述参加比赛。比赛时，下了千镒（一镒合黄金二十四两）黄金的赌注，竞逐在千里遥远的路程上，真可以说是天下最好的车马了。全文叙事鳞次，气脉贯注，是很好的叙述文。但是进一步分析一下，就会发现在秦缺、楼季下插入“此两人者，马佚能止之，车覆能起之”（这两个人能把受惊的马控制住，把翻了的车子扶起来）一句，仅仅是“车右”的注释语。这种注释，不但没有把正文弄得支离破碎，相反地，它和上下文密切结合起来，首尾圆合，使阅读的人感到浑然一体。

在唐人诗歌中，也有这类的范例。比如，杜甫的《大历三年春白帝城放船出瞿塘峡久居夔府将适江陵漂泊有诗凡四韵》：

老向巴人里，今辞楚塞隅。
入舟翻不乐，解缆独长吁。
窄转深啼狖，虚随乱浴凫。
石苔凌几杖，空翠扑肌肤。

叠壁排霜剑，奔泉溅水珠。
杳冥藤上下，浓淡树荣枯。
神女峰娟妙，昭君宅有无。
曲留明怨惜，梦尽失欢娱……

诗中写的是通过瞿峡的一段情况。前四句说乘船启行，“窄转”以下八句写船行峡水实况：江窄途深，峡壁耸立，树木交错，黯然无睹。紧接着写了“神女峰娟妙，昭君宅有无。曲留明怨惜，梦尽失欢娱”四句。我们分析一下这四句诗的结构，原来后两句却是前两句的注释。因为这里所说的“神女峰”和“昭君宅”，只不过是梦里看到的、曲里听到的东西，假设没有“曲留”“梦尽”这两句，我们会认为“神女峰”、“昭君宅”两句是真情实景了呢。这两句实际上起的是训诂作用，而形式上又保持着“排律”的格局。

在文章里运用训诂来作表达手段，不但古书中有，在近代和现代汉语里也并不少见。比如《红楼梦》里惜春要画“大观园”，宝钗建议说：“这园子却是像画儿一般，山石树木，楼阁房屋，远近疏密，也不多，也不少，恰恰的是这样儿。你若照这样儿往纸上一画，是必不能讨好的。”这是一个复合句的结构。我们可以明显地看出，从“山石树木”到“恰恰的是这样儿”一段，就是头一个分句的注释。

以上这些例证，都应当看成是祖国语言的妙用，表现了祖国语言结构的丰富多彩，也可以说这就是训诂方法的灵活运用。假使我们把它搜集起来，作一番比较研究，不但可以扩大训诂学的领域，而且还可以阐明语法结构的历史发展道路，增加训诂学的实用价值。这项工作正期待我们去进行。

三、训诂的方法

前面说过，训诂学是我国传统语言学中的一个重要组成部分。前人对这门科学已经作出了许多贡献，使它具有悠久的历史和优良的传统。我们不仅要学习前人在训诂上所做的具体工作，吸取他们的成果，还要研究他们的方法。这样才能进一步发展这门科学，让它更好地为今天服务。

前人在进行训诂时所用的方法，固然由于历史的局限性，不可能不受当时的历史条件和历代学者本人世界观的限制，存在着狭隘的、片面的、主观唯心的、繁琐主义的和脱离实际的东西。但是，由于训诂大师们掌握了大量的第一手材料，又经过长期的、系统的、刻苦的实践，积累了丰富的经验，其中科学的、合理的成分，需要我们认真研究、吸取。鲁迅先生在著名的《拿来主义》一文中早就批判了那些怕被历史遗产“染污”的“孱头”，想把历史遗产“放一把火烧光”的“昏蛋”

和“接受一切”、大吸历史遗产中“鸦片”的“废物”。我们应时时记住鲁迅先生的告诫：对历史的遗产要“加以仔细的分析和正确的评价”，然后才能实事求是地去吸取它的精华，来丰富我们今天的语言科学。

下面提出学习和运用训诂学的几个基本方法，供读者参考。这些前人在实践中行之有效的方法，必须综合运用，才是科学的。

（一）以形说义

古代书面语言是用汉字记录的，汉字是我们通向古汉语的一个枢纽。最早的汉字是根据字义来绘形的，所以相当一部分字的字形和字义有关联，这就确定了分析字形对了解字义的重要作用。

东汉许慎的《说文解字》，是我国语言学史上第一部分析字形、说解字义、辨识声读的专书，也是世界上第一部有自己体系的、合乎科学精神、具有独创的民族风格的字典。我们阅读古书、研究训诂，往往离不开这部书的帮助。许慎在《说文解字》中坚持的“以形说义”的方法，是训诂学的一个重要方法。

所谓“以形说义”，是指通过字形的分析，来了解字所记录的词的本义，即体现在造字意图中的基本词义。举例来说，《诗·七月》：“穹室熏鼠，塞向墐户。”“向”字如何解释？在现代汉语里，“向”有两个意思：一个是“方向”（名词），一个是“朝着”（动词）。但是这两个解释在这里都不合适。《说文解字·七卷下·宀部》：“向，北出牖也。从宀，从口。”许慎根据“向”的字形分析，说这是“在屋子的北面开的窗子”。“塞向”就是把北面的窗子堵上。这是“向”的本义，而“方向”、“朝着”都是从这个意义引申出来的。

> 《左传·僖公二十三年》：（重耳）过卫，卫文公不礼焉。出于五鹿，乞食于野人。野人与之塊。公子怒，欲鞭之。

这段是记载晋公子重耳流亡卫国时的事情。一般都把“塊”解释成“土塊”，这似乎不甚合理。因为当时晋公子是问地里干活的农民要食物吃，农民怎么会给他一塊土呢？查《说文·土部》“凷，墣也。从土，一屈（凵），象形，塊，凷或从鬼。”《说文》的说解不够准确，但它给我们提供了一个凷的形体，证明“塊”就是“凷”。那么，“塊”如何解释？古籍中“塊”与“蕢”相通。《礼记·明堂位》注“蕢当作塊，声之误也”；《礼运》注“蕢读为塊”可证。而《说文·草部》：“蕢，草器也。臾，古文蕢，象形。”可见蕢是粗草编的田器，用来盛土的，与筐是一类的东西。这与凷的形体相合。《礼记·间丧》中说，居丧要“寝苫枕塊”。《左传·襄公十七年》则说居丧要“寝苫枕草”。杜注“草，编草也。”《左传·昭公二十七年》：“或取一编菅焉。”杜注：“编菅，苫也。”可见苫是草编的、用来覆盖之物。“寝苫”是垫着草苫，“枕塊”是枕着装土的草器。关于晋公子重耳的这件事，《史记·晋世家》说得更为清楚。司马迁用汉代的语言翻译了《左传》这句话：“饥而从野人乞食，野人盛土器中进之。”用现代汉语来说，就是“农民把食物盛在装土的草器里献给重耳”。重耳认为这是对自己的不恭，因而大发雷霆。这样解释较为合乎情理。

由“塊”的例子可以看出，《说文解字》由于时代的局限，语言资料多取自周秦两汉文献，所收文字不过是战国、秦皇以来迄于汉代字体的综汇；又由于当时科学水平的限制，对于形体已经发生很大变化的汉字，要找出字形和字义的关系，就要受到局限。这样，《说文》对于文字的分析、解释难免不够精确或出现舛错。

在运用以形说义这一方法时，要注意下面几个问题：

第一，笔意与笔势的问题。

许慎在《说文解字叙》里指出："及孔子书六经，左丘明述春秋传，皆以古文，厥意可得而说。"这里所说的"厥意"即字形中反映出的词义，也就是笔意。颜之推《颜氏家训》中曾说："学者若不信《说文》之说，则冥冥不知一点一划有何意焉。"这就是说，颜氏当时的字形，已经看不出"一点一划"之意，只有较早的文字，才有笔意。发展的结果，文字符号化了，变成了笔势，字形与字义的联系逐步隔断了。比如：

> 《说文·十二卷下·民部》：民，众萌也。从古文之象。，古文民。

可知小篆的民的形体，已无法解释字义，只有上推到古文去考察。古文从女（），作捆绑状，其实是俘虏亦即奴隶的形象。后来简化成，以别于"女"，然后逐步简化、变整齐，成为民，已经是笔势了。

这说明，在运用以形说义的原则时，必须以笔意为据。如硬拿笔势说义，则会穿凿附会，走向谬误。因此，人们在研究字形、确定字义时，往往尽量运用时代较早的形体，以求它与字义的联系更直接一些，这是对的。但我们还应注意到，即使最早的形体，也有笔势。如甲骨文，虽被公认较早，其中也有笔势，分析字形时也要注意。这一点，在这儿暂不多谈了。

第二，异形和数义的问题。

字有异形，词有数义，这是文字和语言发展中的正常现象。数义往往是词义引申的结果。因此，在以形说义时，应着重确定其本义，而用本义统帅其引申义。也有时，一个字可以从不同的侧面和它的形体发生联系。因此，在《说文》的解说中，不论有几个词义，都可用同一字形来说明。比如：

> 《说文·三卷下》：臣，牵也，事君也，象屈服之形。

在“臣”下有两个义，一个是“牵”，就是捆绑；一个是“事君”，就是奴隶，引申为君臣的臣。“臣”的字形从笔意说，应为，像捆绑的绳索，以后整齐笔画，成了臣。这是一个俘虏的形象。俘虏常要逃跑，所以用绳捆绑。捆后无法站立，所以“象屈服之形”。《左传·成公三年》：“不以累臣衅鼓。”被俘之人称“累臣”，“累”当捆绑讲。这是“牵”义的来源。“卧”从臣从人，是伏几而假寐的意思，也是取其“屈服”之义。把俘虏的囚犯捆绑来，作为奴隶，所以有“事君”之义。古代“臣”、“妾”连用，都是奴隶。“臧”从“臣”，是臧获，也是俘虏来的奴隶。因此，这两个义项是统一在一个形体上的。

同样，字虽有异形，只要它们记录的确实是同一个词，这些不同的形体也能统一在同一本义或相互有关联的意义上。《说文解字》中往往是将不同形体的重文统一起来的。比如：

> 《说文·八卷下·欠部》：次，不前不精也，从欠从二。，古文次。

“次”的本义是次第之意。从“二”者，二以上才有次第的问题。从次第的意思发展出两个不同的意思：“前”是向前，不向前就是次，也就是停止。《左传》中军队扎营休息不再前进都叫“次”。“精”是好，不精就是差，也就是第二流的。今天不好的东西叫“次品”，就是这个意思。那么，古文“次”的形体怎么解释呢？这个形体反映的是《周礼·天官》“掌次”的“次”。这种官管郊、猎时临时搭帐篷。《天官》：“朝日，祀五帝，则张大次小次，设重帟重案。”这是郊祀。“师田，则张幕，设重帟重案。”这是打猎。“次”象帐篷之形。帐篷是在止息时搭的，所以，这个形体与“不前”的意思是一致的。

从以上例子中可以看出，由于汉字的形体往往是对它所记录的词的意义的描绘，而多义词的各个义项又是彼此有联系的、共同形成一个系统的，那么，不同的字形只要它记录的确实是同一个词，它总是可以统一在这个词的本义或多义词的几个义项上的。用以形说义的原则来统一不同的字形，对于给词义作出准确的训诂来，是十分必要的。

第三，本字和借字的问题。

以形说义的原则只应用于记录这个词的本字，但训诂学家在说义时往往又并不拘于文献所用之字。这是因为，文献用字有通假现象，也就是同音代替（即采用同音字来代替本字）。这种现象使字形与字义完全脱离了联系。比如，“早”，常写作“蚤”，前一“早”是本字，后一“蚤”是借字。在以形说义时，要注意不要把借字的字形来附会解释字义，而应当沿着声音的线索，有根据地找到本字。这一点，后文还要详细阐述，这里只是扼要说明，引起重视。

（二）因声求义

我们曾不只一次谈到，字形对于语言中的词来说，是外在的因素，语音才是词真正的物质外壳。仅靠字形来确定字义，是无法完全解决问题的。这不仅因为古代有用字上的通假现象，还因为，同源字的产生、方言词的分化，都是以声音为联系的。训诂学发展到因声求义，是一个很大的前进。清代和近代学者非常重视声音的问题，是十分正确的。

清代自乾嘉以来，训诂学者认为“故训声音，相为表里”（见戴震《六书音韵表序》），特别强调“训诂之旨，本于声音。故有声同字异，声近义同。虽或类聚群分，实亦同条共贯。譬如振裘必提其领，举网必挈其纲”（王念孙《广雅疏证序》）。他们把声音的研究作为文献语言的头等大事，认为它是研究训诂的“纲”。王氏父子主张训诂主要“在声音，不在文字”（见王引之《春秋名字解诂序》）。阮元则以为：“义以音生，字从音造。”（见《揅（yán研）经室集》）戴震又说：“疑于义者，以声考之；疑于音者，以义证之。”他们都对声音的作用作了着力的强调。所以当时致力于古声古韵者层出不穷。分韵最细者，为刘逢禄之古韵二十六部。辨纽最审者，为邹汉勋之古声十九纽[①]（邹氏之说仅存条

① 黄侃先生古声十九纽、古韵二十八部之说，本自邹、刘二氏之说，黄先生初拟分为三十部，侵覃以下分为六部，即覃、谈、添与入声合、盍、帖分为六部。但韵中字数太少，《诗经》押韵又混用，故未划出界线。见《谈添盍帖分四部说》(《黄侃论学杂著》)。

目，见《敩艺斋遗书·五音论》）。至于古韵通转之说，始于孔广森的对转，而分析密细，则有严可均《说文声类》。这些言声言韵的著作都是为了阐述训诂，所谓“比次声音，推迹故训，以求语言之本”。这就是训诂学者在文献语言学研究中所得出的更为重要的法则。

晚近章炳麟、黄侃两先生在总结前人文献语言研究成果的基础上，又把训诂学进一步提高到“语言学”的理论上来。他们把“文字”、“声音”、“训诂”结合起来，以声音为主导，组织成有体系的“语源学”。章炳麟先生说：“作《文始》以明语原。”[①]黄侃先生说：“声义同条之理，清儒多能明之，而未有应用以完全解说造字之理者。侃以愚陋盖尝陈说于我本师。本师采焉，以造《文始》。于是‘转注’、‘假借’之义大明。令诸夏之文，少则九十，多或数万，皆可绳穿条贯，得其统记。此音学之进步也。”[②]

那么，如何利用声音来求义呢？主要有三个方面：第一，是解决同音替代问题，排除通假造成的形、义分离现象，求得本字，以便更好地运用以形说义的原则；第二，是解决方言词的问题，求得方言词声音变化的轨迹；第三，是推求语源，

① 见《国故论衡》中《小学略说》。
② 见《声韵略说》。

解释某些词诠释命名的由来。下面我们分别来讲这三方面的问题。

第一，同音替代的问题。

古书中存在着很多通假现象。所谓通假，就是在用字时不写本字而取另一个声音相同或相近的字来代替。这样一来，字形与词义之间的联系被掩盖了，以形说义的原则无法贯彻，因而形成了训诂中必须解决的问题。

前面我们说过，《说文解字》是一部以形体结构说明本义的专书，但是其中有时也指明古代文献里“同音替代”的现象，即用“读若”以通假借。如：

《戈部》：𢦏，绝也。古文读若咸。

这就是说，“咸”在古文经典中可以用为当“绝”讲的“𢦏”字，为杀害之义。伪古文《尚书》：“咸刘厥敌。”《逸周书·世俘解》：“咸刘商王纣。”这里的“咸”、“刘”都作杀讲，“咸”是“𢦏”的借字，而《口部》的“咸，皆也，悉也”之训在这里是讲不通的。又如《力部》：“勢，健也。读若豪。”《希部》：“豪（隶作豪），豕鬣如笔管者。出南郡。”豪即豪猪。而《孟子》“豪杰之士”、《楚辞·大招》“豪杰执政”，皆当作“势”。作“豪”者，也是同音替代字。这就是《说文》中明古书通借的方法。汉代训诂家在注释古书时，往往应用“声同”“声误”来说明这种“同音替代”的关系。比如，《诗·豳风·东山》：“烝在栗薪。”《郑笺》：“古者声，栗、裂同也。”这是说明“栗”与“裂”的字音相同，“栗薪”就是“裂薪”，也就是劈柴。又如，《周礼·天官·疡医》：“掌肿疡、溃疡、金疡、折疡之祝药，劀杀之齐。”郑玄注：“祝当为注。读如注病之注。声之误也。注谓附著药①。”所谓“声误”，就是因同声而误书，亦即写“别字”。“注药”即今所说“敷药”。疡医是外科医生，故掌敷药。《玉烛宝典》引崔寔《四民月令》“正月上除合注药”，是古谓“敷药”为“注药”之证。

识别古书中的通假现象，以声音为线索，区别本字和借字，是非常必要的。举例来说，《庄子·逍遥游》：

野马也，尘埃也，生物之以息相吹也。

---

① 清人惠士奇说：“古人假借多取音同。《函人》‘甲属’，《匠人》‘水属’。注皆云‘属读如注。音同，古文通’。《左传》‘韎韦之跗注’，贾、服皆云‘注，属也’。”按“属药”即附着药，今叫“敷药”、“上药”。

这句话的“野马”，晋人司马彪注：“野马，天地间气。如野马之驰。”这个解释是典型的“望文生义”。《庄子》这段话的意思是说：“鹏鸟高飞远翔，下望许多生物在污浊尘土中喘息生存。”他用的“野马”的“马”字，实际是《楚辞》里“愈氛雾其如壓”的“壓”字。王逸注：“壓，尘也。”古代“马”“壓”声韵皆同，可以用“马”代替“壓”字。《逍遥游》的“野马”和“尘埃”是同义词。同义词复用是为了加重表达或描写那个垢秽污浊的环境。而司马彪却在“马”字上打主意，造成了大笑话。又如：

《战国策·齐策》：狗马实外厩，美人充下陈。

有人把“下陈”解释为“下列”，以“陈”为“行列”。这也是一个“望文生义”的例子。这两句是很工整的对偶句。“实”与“充”是同义词，皆形容数量的众多。“外厩”是豢养狗马的处所，“下陈”当然也是指处所了。“外”和“下”都是方位词。而古代“上”、“中”、“下”这类方位词，意义比较实，都可以放在名词的前边（特别是中和下）。如《诗经》“瞻彼中原”，指原之中；“中心有违”，指“心中”。所以“下陈”是指“陈之下”或“陈下”。秦始皇时代的李斯写过一篇《谏逐客书》，在这篇文章里，也说过“随俗雅化、佳冶窈窕赵女”，“饰后宫、充下陈”。这里以“下陈”与“后宫”对言，则“下陈”必为指处所之词，这是无可置疑的。

那么“下陈”究竟是什么处所呢？案“陈”当为“墀”的借字。《说文·土部》：“墀，涂地也。礼：天子赤墀。”赤墀亦曰“丹墀”。《文选·西京赋》：“青琐丹墀。”五臣注：“丹墀，阶也。以丹漆涂之，故曰丹墀。”是墀本为宫殿的台阶，汉制未央宫以丹涂其阶，故叫“丹墀”。《汉书·梅福传》：“愿登文石之殿，陟赤墀之途。”“赤墀之途”就是由庭升堂的路。我们知道，古代宫殿有堂有庭，台阶上面四方而高的叫“堂”，台阶下面则为“中庭”，也就是院中。那么，由庭升堂的路也就是台阶。再看什么是“除”。《说文·阜部》：“除，殿陛也。”墀、除二字又是双声，可见墀、除相同，实为一物。“除”亦即“途”字。《说文》无“途”、“涂”两字，道涂、途路的“途”或“涂”皆应作“除”。故“除”本为“堂途”、“堂涂”之专名，和“墀”一样，亦为从堂到庭的路途，也就是台阶，并引申泛指道路。“美人充下陈”的“陈”也就是墀或除。在《诗经》中就已经用“陈”字代“墀”、“除”了。《小雅·何人斯》："彼何人斯，胡逝我陈。"《毛传》："陈，堂途也。"《尔雅·释宫》："堂途谓之陈。"[①]由此可知，"下陈"就是台阶下面的地方。所谓"美女充下陈"，美女是歌伎舞伎，是帝王贵族用以满足他们的声色之好的。按照古代制度，奏乐者在堂上，歌舞者在庭中，所以"美女充下陈"就是在阶下充满了载歌载舞的美女的意思。

以上两例说明，辨别本字和借字，通过声音解决同音替代所造成的形义隔阂，对作出正确的训诂，是多么重要。

但是，在进行这一工作时，必须注意以下两个问题：其一，求本字不应当局限于《说文》一书。因为文字由少增多，是人类社会各个方面发展的结果。远在约两千年前的《说文》，虽然联系社会各方面已比较广泛，但在我国运用文字记录语言的历史中，只能占一个很短的时期。所以，黄侃先生在推字源、明通借时，就广泛引用了古字书、韵书，并不拘守于《说文》，而章炳麟先生作《小学答问》以见本字时，由于株守《说文》，就不免间有穿凿之弊。其二，应用"同音"、"音近"来阐明假借，一定要有确凿的文献作为佐证。仅仅凭着声音的相同或相近胡乱联系，不但作不出正确的训诂

① 殿下之途为"墀"，堂下之途叫"陈"，墀、陈音近义通。字义作"坻"。《广雅》："坻，涂也。"

来，反而会因穿凿附会，把形、音、义的联系搞乱，把古书的意思曲解。

第二，方言词语音变化的问题。

> 《诗·邶风·匏有苦叶》：人涉卬否。《毛传》："卬，我也。"《郑笺》："人皆从之而渡，我独否。"

"卬"，今北方方言变为"俺"。"卬"古与"吾"通（模、唐韵对转），今转为"俺"，犹《说文》古文"扈"作"㠶"（"马"下云："读若含"）。《广成颂》"蓶（wěi）扈䶌（xié）熒"，即是以"扈"为"㠶"。是"卬"之转为"俺"，其声音变化之迹是非常清楚的。

第三，推求语源的问题。

前人早有"声训"之说。所谓"声训"，就是从声音线索推求语源的方法。

《说文》从声音线索推求语源的例子非常多，仅举一例以示范：

> 《说文·艸部》：莍，茮樧实。裹如求者。

“茉”即“椒”字，“茉樧”即今之“花椒树”。“莍”是今之“花椒子”。《尔雅·释木》：“茉樧醜（多）实。”郭璞注：“莍萸子聚生成房，今江东亦呼茉莍。”花椒树结实时有外壳（房），花椒子聚于壳内，此《说文》所说的“裹如求”。“求”即“莍”的语源。《说文·八卷上》：“裘，皮衣也。……求，古文省衣。”古人皮衣多用羊皮（狐裘是极珍贵的），聚毛揉如小丸叫“珍珠毛”，紫羔皮亦作小圆珠形。治求必揉毛如丸，而与椒实相似，此“莍”字得名之由来，即推寻语源之例。

《毛传》用声音推求语源的例子也很多：

> 《召南·行露》：何以速我狱。《毛传》：“狱，确也。”

诗的语意是“为什么跟我打官司（招我于狱）”。毛亨没有解释“狱”是诉讼的地方，而用同音字“确”来说明“狱”的语源，也就是推索“狱”字命名之由来。“狱”是以确定是非曲直而得名的。古代有“治狱”、“辩狱”，指审理诉讼作出判决的全部过程。由此可知“狱”是旧时的“大理院”，即今天的“法院”，而不是“监狱”、“牢狱”。古代的牢狱叫“鞫”，汉代有“鞫城”（李尤有《鞫城铭》），那才是“囹圄”、“监牢”。又如：

《小雅·巧言》：君子信盗，乱是用暴。《毛传》：“盗，逃也。”《郑笺》：“盗谓小人也。”

奴隶制时代，逃亡的奴隶曰“盗”。《左传·昭公七年》：“周文王之法曰：‘有亡，荒阅[1]，所以得天下也。’吾先君文王作仆区[2]之法曰：‘盗所隐器，与盗同罪。’”又说：“昔武王数纣之罪以告诸侯曰：‘纣为天下逋逃主，萃渊薮。故夫致死焉。’君王始求诸侯而则纣，无乃不可乎？若以二文之法取之，盗有所在矣。”这段话叙述奴隶的逃亡和搜捕的刑法。周文王之法称奴隶之逃亡者曰“亡”，楚文王之法曰“盗”。当时奴隶逃亡之后，必投靠别的大奴隶主为奴，所以殷纣有“逋逃主”之称。这也说明了大奴隶主用为兼并小奴隶主的措施。这种投靠大奴隶主的奴隶每每得到新主子的信

① 荒阅：大搜查。

② 仆区：刑书名。仆，附。区，藏。仆区即奴隶逃离附靠的奴隶主，并偷盗、隐藏器物。仆区之法是对这种行为加以制裁之法。

任。这种奴隶又称之为盗。如《左传·桓公六年》："宣姜与公子朔构急子。公使诸齐，使盗待诸莘，将杀之。"这里准备刺杀公子急之盗，就是寺人披之流。《毛传》以"逃"训《巧言》之"盗"，实指逃亡的奴隶。又《春秋·昭公二十年》说"盗杀卫侯之兄絷"。孔颖达疏："盗者贱人有罪之称。"此孔颖达据《公羊传》"贱者穷诸盗"作训。其实杀絷者是齐豹，豹也是逃亡的奴隶而得宠信者。由此可证，《毛传》与《郑笺》诠释"盗"，并非异训。毛以语源推索命名之由，郑用义界标识所指，其实是一样的。

以上两例，知毛亨解诗，常根据声音线索推求语源。"速我狱"的"狱"，"君子信盗"的"盗"，都是诠释命名的由来。当然这并不是说，这两句话可以解释成"速我确"、"君子信逃"。

章先生的《文始》是运用因声求义的方法来阐述语源、疏明语言发展变化的专著。文献语言只能以先秦旧籍、两汉古书为依据，也就是以记录语言的文字为依据，而《说文》则是汇集这种资料的专书。章氏因是用《说文》中的"初文"（纯象形或指事的字形）、"半文"（章氏定名"准初文"，包括"合体象形或指事"、"省变"、"兼声"和"复重"的字形），集为五百一十字，其中取四百三十七个字形定为语根，使同一语根的派生词收集在一个语根之下，以声音为纲领，按韵部对转的现象分为九卷，则“比其声韵，讨其类物”的原则就非常显明了。他得出的语言发展规律，约有二例：一为变易例，即异体字，所谓“音义相雠，谓之变易”。一为孳乳例，即派生字，所谓“义从音衍，谓之孳乳”。案“变易”之名始见于《周礼·天官·外府》。郑玄注：“玄谓齎、资同耳。其字以齊、次为声，从贝变易。古字亦多或。”是变易即或体字，也就是许慎所说的“改易殊体”。“孳乳”之名见许慎《说文解字叙》，即“字者言孳乳而浸多也”。由此可证，文献语言以汉字的发展规律作为语言发展的准绳，虽不能宛尔合符，但是声义之间并没有很大的距离，可以而且应该就文字来考察语言。

“转注”、“假借”为汉字发展的主要方式与规律。章氏《文始》更发挥二者，贯串语言发展的理论。章氏谓“转注不宜专取同训，又必声韵相依。如‘考’、‘老’叠韵变语也。初文、准初文无虑五百，当数千名之义。假借托事，自古已然。徐楚金始言引申之义。寻《说文》以‘令’、‘长’为假借，则假借即引申之义也。若本有其字，以声近通用者，是乃借声，非六书之假借也”（见《文始》略例乙）。

总之，《文始》这部书，以声音为线索，而以“语根”分析派生词，综合观察了训诂的汇通，也指出了训诂学发展的一个重要的历史方向，自是训诂学史的一部名著。当然，这部书的内容尚有罅漏不够臻密之处，有时还存在穿凿附会之弊，创始之作自所难免。章先生自谓“比于故老，盖有讨论修饰之功矣”，则是谦虚之辞。

为什么根据声音可以推出同源词来呢？这是因为，人类语言发展的初期，词的音、义之间是没有什么必然联系的。但是，在词不断增多的过程中，随着词义的引申，就要在原来词的基础上分化出新词来。新产生的词由于是旧词派生出来的，语音上必然与旧词相同或相近（双声、叠韵）。因此，声音近似而意义相关的词，往往是同源词。这个现象，古人已有了一些感性的认识。直到章炳麟先生著《文始》，才使因声求源的词汇研究进一步系统化。

但是，单靠声音主观地推求语源，并不是最可靠的办法。汉代末年刘熙写的《释名》，大量运用“声训”。他一方面用声音相同或相近的字来解释词义的来源，探索词的命名的意义，另一方面广泛地综合了各地的方音，分辨它的发音部位和方法，来探索词义的特点。其中当然不乏可取之处，但由于方法上不够缜密，穿凿之处也不在少数。沈括的《梦溪笔谈》中，曾记载“王圣美治字学，演其义为右文”。这就是所谓“右文”说。“右文”说主张形声字的声符皆有表意作用，同声符之字，意义必能相通。这种说法虽也注意到形声字由于同声因而同源的现象，但在作出具体的结论时，往往凭空设想，不求根据，有的近于杜撰，在方法上少有可取之处。这是他根本理论错误所致。

那么，在运用声音推求语源时，怎样才能避免主观臆断呢？这就必须从实际语言材料中，找出“信而有徵”（可靠又有证据）的线索。至于“绝缘无证”（不可靠又没有证据）的事物，千万不可去妄推它的本源。因此，下文所讲的“核证文献语言”，就成为训诂中绝对不可缺少的方法了。

（三）核证文献语言

《说文解字》是一部依据六艺群书实际语言资料作出训诂的专著。它一再指出“经艺之本”，这就是说，剖析字形、分辨训诂必须以古代文献中生动的语言为本。许慎在这里提出了一个重要的原则和方法。历来有成就的训诂学家莫不循此而把它发扬光大。这里仅举段玉裁为例以见一斑。

段玉裁《说文解字注》，是清代训诂学杰出之作。其突出的优点在于深入文献语言实际来阐释词义。黄侃先生说：“段注多说经义，类皆精核。”实在中肯。（至于分辨本义、引申义，则南唐徐锴已发其例。而正确地分析本义、引申义，也必须深入文献语言实际才能得出精确的结论。）

段氏应用文献语言解释训诂有两种方法：

第一，旁征博引古籍群书，细密、深入、全面地说明训义。如：

> 《说文·土部》：墠（shàn扇），野土也。段注："《郑风》'东门之坛'，坛即墠字（今诗作"墠"。段依《释文》）。《传》曰：'除地町町者。'町町，平意。《左传》：'楚公子围逆女于郑，郑人请墠听命。楚人曰：若野赐之，是委君况于草莽也。'（见《昭公元年》，段概括《传》义）可见墠必在野也。'郑子产草舍不为坛。'（见《襄公二十八年》，段概括《传》义，非用原文）坛即墠字，可见墠必除艸也。《金縢》：'为三坛，同墠。'此坛高墠下之证也。《祭法》：'王立七庙，二祧，一坛，一墠。'（原文"二祧"在"一墠"下）注曰：'封土曰坛，除地曰墠。'此坛墠之别也。'筑土曰封，除地曰禅'，凡言封禅，亦是坛墠而已。经典多用坛为墠，古音略同也。"

“墠”是铲掉荒草作为祭祀或跳舞的场地。段氏对“墠”字的训释，运用《尚书》、《毛诗》、《礼记》、《左传》等书的语言，从各个方面归纳出它的完整的义界和它与别的词之间的细微区别，并阐述了词义的发展。由于段氏精通而熟练地掌握了文献语言，才能这样精确地阐明词的意义和用法。因此，清代解说《说文》者，不下数百种，而段氏的成就，则绝非诸家所能企及。

第二，对文献语言先有正确的了解，而后得出正确的训诂。如：

> 《说文·艸部》：若，择菜也。段注：“《晋语》，秦穆公曰：‘夫晋国之乱，吾谁使先若夫二公子而立之，以为朝夕之急。’此谓使谁先择二公子而立之。若正训择，择菜引申之义也。”

在这里段氏引晋语以驳旧注之失，得出正确的解释以证许君训义，十分精确。韦昭注竟以“吾谁使先”断句，以致不辞，是句读的谬误；把“若夫”解为虚词，是字义解释的谬误。从语言结构看，《晋语》此句为兼语式，自应读为一句。“若”是全句的谓语核心。“夫二子者”指重耳和夷吾。证以下文的叙述“大夫子明曰：‘君使絷也。’”是回答秦穆“使谁”之问的。公子絷先“弔公子重耳于狄”，重耳辞谢，又“弔公子夷吾于梁”，夷吾许诺，这是公子絷执行“择”二公子而立之的过程。综观全文，段解晋语之文是恰当的，由此在文献语言中得出“若”训“择”的结论是正确的。

从以上二例，可见段氏依据文献语言说明训诂，的确“类多精核”，并由此可知文献语言是训诂的渊源，没有渊源，必流于随意妄说，而有臆测穿凿之弊。

依据文献语言，是从事训诂的很重要的方法。下面再举例来说明：

《说文·十三卷上·率部》：率，捕鸟毕也。

“率”训为捕鸟网，古代文献上并无明文。但是《左传·襄公十年》：“知伯曰……女既勤君而兴诸侯，牵率老夫以至于此。既无武守，而又欲易余罪。”此文牵、率连用（今本率作帅），二字义同，形亦相近。古代猎获牲畜、飞鸟必用绳索捆系牵引而行。或说牵本从玄，玄古文作“”，象绳索之形。率亦从玄，鸟网亦用丝绳组成，故亦从玄。《诗·小雅·采菽》：“泛泛杨舟，绋纚络之。”《毛传》：“纚，繂也。”繂即率之后出。孙炎《尔雅注》：“繂，大索也。舟止，系之于树木。”《说文·糸部》“纚”训冠织。《汉书·江充传》：“冠禅纚步摇冠。”颜师古注：“纚，织丝为之，即今方目纱。”而班固《西京赋》：“纚䱷鲉。”薛综注：“纚网如箕形。”纚与率一音之转，实即一字，则纚率又可训网。“牵率老夫以至于此”，言是你们把老夫像牲鸟一样捆系，牵引而来到这里的。牵引引申为引导义，故率派生词有“逹”，《说文·辵部》：“逹，先道也。”有“衛”，《说文·行部》：“衛，将衛也。”将衛即军队的先导。从这些文献语言里，可以看出训诂的会通。

古代文献语言与后代书面语言，既有差异，亦可互相沟通。运用文献语言能找到古今互相沟通的线索，使训诂更加明确。例如，“池塘”这个很常用的词，《说文》未收录。如推求本字，则当作“堤唐”。《说文·𨸏部》：“隄，唐也。”其实“隄”与“唐”的义界不同，“隄”指拦水的建筑物，“唐”指蓄水的洼下之空唐。“池”古读定母齐韵，与“隄”同音。先秦文献语言中“池”字亦作水塘的边涯讲。如《大戴礼记》：“鱼跃拂池。”拂池就是擦到水塘的边涯。至晋唐时期，“池”字引申训边涯。如左思诗：“衣被皆重池”。重池即双道边。唐人有“池毡”，就是镶边的毛毡（见《匡谬正俗》）。

古代文献语言也有保留在现代汉语口语中的，把二者联系起来加以考察，更是疏通训诂的必要方法。例如《说文·酉部》："醓，泛齐，行酒也。""醓"字即《礼记·内则》之"滥"，"泛齐"见《周礼·天官·酒正》。许慎用《酒正》的"泛齐"说明"醓"字，又用汉代俗语的"行酒"作出解释。这就是既以古代文献证明其义，又用俗语阐明语词的发展。这是最好的训诂方法。而"行酒"之义，段氏没有解释，晚近孙诒让作《周礼正义》，开始提出"行酒"的训释。他说：

> 今案行酒，段无说。其义当为薄酒。《九章算术·盈不足篇》："醇酒一斗，钱五十，行酒一斗，钱一十。"

孙诒让用东汉文献《九章算术》的语言来证实"行酒"是汉代的词汇，这固然是对的，但仅从"醇酒"、"行酒"对举解为薄酒，尚未能从"行酒"命名的由来阐述语义，似未允洽。考"行"字无"薄"训，古"行"字训"通行大路"，引申为"普通"之义。"行酒"者，是普普通通的酒，并非嘉酿。唐人也有"行货"一词，解者说为"劣货"，也不妥当，实即“普通货”。现代汉语仍有“大路货”、“行活”等词，“大路货”是极普通的货物（粗劣无比），“行活”也是普通的制作，因而粗糙。

应用“同音”、“音近”的方法来解决通假问题和推求词义来源，是不能离开当时的语言实际的。如果离开确凿的文献语言的佐证，仅仅根据声音妄加推测，势必多有谬误，所以有人把“同音”、“音近”比作小学家犯罪的凶器，不是没有道理的。但是，如果我们从文献语言的实际出发来解决同源字的问题，舛误就会减少或避免。比如：

《左传·宣公八年》：杀诸绛市，六日而苏。

《礼记·乐记》：蛰虫昭苏。

此两文中的“苏”字皆谓死而复生。说者认为《说文·艸部》“苏，桂荏也”与复生无涉，复生之义应作“朔”。他的根据是：《说文·月部》：“朔，月一日始苏也。”《释名》：“朔，苏也。月死复苏生也。”二书以“苏”训“朔”，如谓“朔”、“苏”为文字孳乳的现象尚可，谓“朔”为“苏”的本字，则不免曲解穿凿。那么，应该怎样推求“苏”字训“死而复生”的内在联系呢？《方言》："悦、舒，苏也。"是"苏"具有悦怿、舒畅两义。《盐铁论·国病》："大夫色少宽，面文学而苏也。"此"苏"为悦怿（悦怿即说释。"面文学而苏"就是"面向文学而中心释然了"）。李时珍的《本草纲目》即引《方言》以"舒"释"苏"。他说："苏（繁体字作"蘇"）从稣，舒畅也。苏性舒畅，行气和血，故谓之苏。苏乃荏类而味辛如桂，故《尔雅》谓之桂荏（《说文》本于《尔雅》）。"

又今人形容物体之疏散舒脱叫"酥"。"酥"字见《广韵·十一模》："酥，酥酪也。素姑切。"所谓"酥酪"，是把牛奶煎开，使水气舒散而成。而作饼饵者，取米或面多放脂油，加热使水气散尽，这样做成的食品也叫酥。《文选·七发》所说"抟之不解，一啜而散"者，大概也是酥类的食物。

由上可知，曰"苏"曰"酥"，皆有舒散和畅之义。而心气之舒散和畅，也就是喜悦（这同郁闷不舒也就是忧愁是一样的）。古人形容这种心境，常以"吾"或"悟"字为之。如《国语·晋语》："（优施）乃歌曰：'暇豫之吾吾，不如鸟乌。人皆集于苑，己独集于枯。'"此以"吾吾"写暇豫之状。又《声类》："悟，心解也。"即释然无介于心的意思。又《说文》"欠"下曰："张口气悟也。"即人作欠伸则胸部行气通畅。是苏与吾、悟在意义上是相通的。再者，上引《晋语》之韦昭注："吾读如（为）鱼。"《水经注》"鱼山"亦名"吾山"。而"苏"字从鱼声，可知苏古读与吾同音。我们又知道，"悟"字有觉悟、醒悟之义，则与"寤"亦同。《说文》："觉而有言曰寤。"《毛传》："寤，觉也。"那么，"苏"既与"吾"、"悟"音义相通，则亦可通于"寤"，因此"苏"字训"死而复生"，犹言"寐而又寤"。可见"苏"字本可由桂荏而引申有"死而复生"之义，不应曲解为"朔"之借字。

由此可见，离开了实际的文献语言，声音线索不但起不了作用，有时还会误事。

（四）考察古代社会

语言是属于社会现象之列的，词和词义的发展都是和人类的社会生活密切地联系着的。因此，了解一个词的意义和词义的发展变化，不仅要考虑到它的形体和声音，而且还要对与这个词有关的人类社会生活情况有所了解。只有这样，才能更清楚、更准确地掌握这个词的意义和它的发展变化，并且进一步掌握和这个词有关系的一些词。

第一，与词义发展有直接联系的是社会生活。

比如，"玉"这个词，本来是一种又光泽又洁白的石头名称。我国古代为什么在生活中特别重视这种东西呢？一方面因为玉是从远方传入的，是罕见的东西；另一方面是因为从石器时代进入青铜器时代以后，石器时代遗留下来的美好石器也被带到铜器时代来，成为铜器时代人们的一种爱好。他们把玉当作国家的珍宝，拿玉去祭祀天地山川；天子和诸侯用玉作君臣的凭信执照[①]；诸侯与诸侯作缔交的质信[②]；贵族们的衣饰上也佩带“玉”，并且佩玉不能随便离开身边[③]。在这样的社会生活里，“玉”字的词义便从“美好的石头”发展为一切最美好的品物标志，引申成为“标准美”的意思了。像《尚书·洪范》里“维辟玉食”的“玉食”，就是最珍美的食物；《礼记·玉藻》里“扬休玉色”的“玉色”，就是战士表现的最英勇威武的气概；《诗·大雅·民劳》里“王欲玉女”的“玉女”，就是最美丽的女人；《尚书·大传》里“莫不磬折玉音”的“玉音”就是最庄严的国乐，等等。由此可知，词义的

① 《周礼·春官·典瑞》:“掌玉瑞、玉器之藏，辨其名物与其用事。”郑玄注：“人执相见曰瑞。礼神曰器。瑞、符，信也。”又郑玄《春官·叙官注》:“瑞、节，信也。”古人祭祀天地山川所用的玉叫“玉器”。臣见君所执的玉叫“玉瑞”。

② 《左传·文公十二年》:“秦伯使西乞术来聘，且言将伐晋……曰，寡君愿徼福于周公、鲁公以事君。不腆先君之敝器，使下臣致诸执事以为瑞节，要结好命。”此言诸侯结盟亦用玉为凭信。

③ 《礼记·玉藻》:“君子于玉比德焉。”佩玉叫“德佩”。《礼记·曲礼》:“君无故玉不去身。”孔颖达《正义》:“玉谓佩也。”

发展变化跟人们的社会生活有极其密切的关系，词义的引申，本是古代人从他们的社会生活的经验里总结出来的。

又如“洒”、“洗”这两个字。《说文·水部》“洒”训涤；“洗”训洒足。徐铉本载唐人注音，“洒”读“先礼切”（xǐ）；“洗”音“稣典切”（xiǎn）。汉代职官有“太子洗马”，“洗”字仍念“稣典切”。现在只有用作姓氏还念xiǎn，其字有的形变为“冼”。从音读和词义上来看，“洒”就是今天所谓用水洗除泥垢的“洗”。《孟子·梁惠王》：“寡人耻之，愿比死者壹洒之”。这里的“洒”字，作“洗耻”讲，也正是《说文》说解的本义。又，《说文》的说解凡“洗”义皆作“洒”。如：“涤，洒也”；“沬，洒面也”；“浴，洒身也”；“澡，洒手也”；“洗，洒足也”等是。马王堆出土的《医经方》中有“再傅药而洒以叔汁”、“勿洒”、“日一洒，傅药”等等，亦皆用“洒”为“洗”字。

《说文》“洒”字下又说“古文以为灑埽字”，则“洒”又与“灑”同音通用。《说文·水部》：“灑，汛也。”（徐铉本音“山豉切”，《广韵》音“砂下切”。）今则以“灑”为“洒”之异体，解释为“把水泼在地上”。考《汉书·东方朔传》“洒埽”，扬雄《剧秦美新》作“汛埽”，而颜师古《汉书注》“洒音信”，可见“洒”与“汛”[①]也是同音同义字。《管子·弟子职》“汛拚正席”，正是以“汛”为“洒”。这都说明“洒”字是可以解释为埽除的。

那么，“洒”字为什么兼有洗涤和打埽两义呢？如果我们了解古人的生活情况和涤垢方式，就知道这两个意义本是一回事。《左传·僖公二十三年》记载晋公子重耳流亡秦国，有一天公子洗手，秦穆公的女儿怀嬴在他的身旁“奉匜沃盥”。匜是古代盛水的铜器，有柄，柄中有道，有浇水的流口。用时使水从柄道流口流出，下面有盘接着以盛弃水（见《士虞礼注》）。可见古人洗手不是把水放在盘（盆）里洗，倒很像淋浴，是用水浇洗。《说文·皿部》“盥”字正象洗手去垢之形。从语言上说，“盥”即“灌注”的“灌”字。至于所谓“沃盥”的“沃”则与“浇”为一字之变易，字亦作“芺”。《说文·水部》：“芺，溉灌也。”又：“浇，芺也。”沃、浇古同宵韵，古亦双声（同属喉音），是同音同义的两个词，应是同一语源的派生词。所以“沃盥”就是浇水使公子重耳洗手。洗手是除垢的动作，打扫房间也是除垢的动作。古人打埽房间，在堂上要用盆泼水，在室内要用手撩水以去灰尘。《管子·弟子职》：“凡拚之道：实水于盘，攘臂袂

① 《说文·水部》：“汛，灑也。”徐铉本音“息晋切”，与“信”音切同。

及肘。堂上则播灑，室中握手。”（注：“握手为掬以灑”）可知洗手和打埽房间都是泼水，所以“洒”、“灑”、“汛”都可以训泼水。由于社会生活习惯变了，字义也发生了变化：今天“洒”（灑）只读sǎ，是泼水，“汛”变为定期涨水，而“洗”则为用水涤垢了。

《左传》在写公子重耳洗手这件事时又说：“既而挥之，（怀嬴）怒。”就是公子重耳洗完手之后，挥去手上的水。古人虽有“佩巾”、“礼巾”，却并不用于揩拭，只限作“尸”的和三老才有“援巾”，一般人在盥后只是挥之使干。“挥”，实在是整个洗手去垢动作里的一个部分。所以古书中“振讯”一词（叠韵连语），亦训除垢之义，或单言“振”。《诗·豳风·七月》：“六月莎鸡振羽。”《毛传》：“莎鸡羽成而振讯之。”用“振讯”解“振”字。《尔雅·释言》：“振，讯也。”也是音训。《说文·四卷上》部首有“奞”字，“奞，鸟张毛羽自奋也。读若睢”。而徐锴本朱翱音“思振反”。则奞即音讯，亦即“振讯”的正字（大徐本音“息遗切”，与讯亦双声）。“张毛羽自奋”正为振讯的形象。鸟的“振讯”是用以去其尘垢，就像人弹冠去其尘埃，抖搂衣被去其灰土。因此，振讯也是除垢的动作。《左传·昭公十八年》：“振除火灾”。孔颖达《正义》：“所以振讯除去火灾也。”此处的“振讯”为除垢义的引申。又，水鸟凫鸭之属出水后亦必振讯其毛羽，与人盥后挥手相同。又有“振肏”一词亦振讯之义。《说文·肉部》：“肏，振肏也。”单言则曰振，或曰肏。《诗·邶风·谷风》：“不我屑以。”《毛传》：“屑，洁也。”屑即肏字。振肏所以出尘垢，所以“屑”训“洁”。

总之，振讯与洒、灑、汛、洗等都是除垢去尘的动作，所以这些字词应为同源。而在弄清它们之间关系的过程中，考察有关古人去垢的具体情形、“挥”与去垢动作的关系，意义很大。这说明，只有具体地了解古代的社会生活，才能深入地理解词义，做出准确的训释。

第二，社会生产也直接影响词义的发展。

马克思主义者认为人类的生产活动是最基本的实践活动，是决定其他一切活动的东西，并且在社会生产劳动中，为了交流思想，表达感情，才产生了语言。所以语言中词的意义与生产劳动是最密切相连的。

我国古代农业技术已有较高水平，这在文字、训诂书中记载也非常多。今只举一例为证：

《说文·衣部》：襄，《汉令》解衣耕谓之襄。

《汉令》即汉代律令之书，许慎引以解说“襄”字。这并不意味着“襄”字是出现《汉令》后才有的，更不能认为是汉人制造的；相反，《汉令》和《汉律》上的文字是前有所承的，有些字还出于古文经传。“襄”字就出现于《尚书》、《毛诗》和《左传》等书。大概“襄”字是古文。许慎认为《汉令》对“襄”字的解释可以解析“襄”字的形义，所以采用来作“襄”字的说解。

“解衣耕”是一种种植农作物的方法。“衣”指地的表皮，并非衣裳之衣。这与《说文·衣部》“袾”字训“佳好也”，用衣指“女子皮肤”是一样的。在天气干旱时，把又干又硬的土皮扒开，然后用表层下湿润的土播种撒籽，再用表层的土覆盖上去，以待其发芽成长：古代管这种播种方法叫“襄”，其作用是保持墒情。古无“墒”字，《说文·土部》：“壤，柔土也。”柔土与刚土相对。《说文·土部》：“壚，黑刚土也。”“垟（xīng），赤刚土也。”刚土用于陶器，不适宜于种植农作物，柔土含湿度宜于耕作。是“壤”即今“墒”字。又《说文·阜部》：“𡉚，𡉚商，小块也。”小块是已可以播种之土，则“𡉚商”即“𡉚壤”。这是以“商”代“壤”的明证。

春秋时代，我国劳动人民已有“保墒”的耕作技术。因此，“襄”字在古书里使用为除土反土的意义。如《左传·定公十年》：“葬定公，雨。不克襄事。”“不克襄事”是不能完成除土和反土的工序。考春秋时代贵族殡葬仪式是：天子隧葬；诸侯下棺。下棺是在墓地掘坑，把棺材由地面系下去掩埋。隧葬是由隧道入墓穴去掩埋，今山西有些山区犹有此俗。《左传》有晋文公向周襄王“请隧，不许。曰：‘王章也’”的记载，可见周代制度，诸侯掩葬只能“下棺”，鲁定公的葬礼，当然也是挖坑下棺，然后封土为坟，坟旁植树。当鲁定公葬礼之际，正碰上下雨，泥土淋漓，根本无法挖坑、反土。虽然这里的“襄”字不是说耕种农作物，但就工序来说，除土反土是一致的。《毛传》：“襄，反也。”反即反土。以上由“襄”字可知春秋时代的劳动人民已经熟悉保墒、点种的耕作技术了。

“襄”字由铲除地面表层义引申为拔除。《诗·鄘风·墙有茨》：“墙有茨，不可襄也。”《诗·小雅·出车》：“猃狁于襄。”“襄”字皆训拔掉、铲除。

“襄”的耕作系施种于土层表皮的内部，因而孳乳为凡表皮里的东西叫“瓤”，如“瓜瓤”、“核桃瓤”等。虽《说文》不录“瓤”字，但它却是“襄”的派生字。

我国古代发展农业的同时，已有较精致的手工业。从现在已发掘出来的文物来看，在新石器时代，仰韶文化中已经有了丰富多彩的陶器。如西安半坡村就出土了很多的陶器和治陶的炉灶，陶器上施有多种彩色，画着多形的鱼鸟、有符号标识。可见我国的劳动人民在搏埴、烧陶、设色、缋画方面，当时已具有精美的技巧。

“陶”，《说文·缶（fǒu否）部》作“匋”，云：“匋，瓦器也。（按段据《玉篇》作“作瓦器也”。）古者昆吾作匋。《史篇》读与缶同。”是“匋”可读“徒刀切”和“方九切”两音。《周礼·考工记》有“陶人”，即“匋”字。陶人又叫“搏埴之工”。郑玄说：“搏之言拍也。埴，黏土也。”“拍”，《说文·手部》作“拍”，云“拊也”，则“搏埴”即《考工记·瓬（fǎng）人》郑注所说的“拊泥”。这是陶坯的初步。《荀子·性恶》：“陶人埏埴以为器。”《庄子·马蹏（蹄）》：“陶者曰，我善治埴。”古人治陶，先用四指拍击黏土，使粘疏合适，然后把黏土放在钧中，旋转之，以为器范。故郑玄《考工记》注云：“既拊泥而转其钧。”钧是范器圆模，可旋转以规其形。《管子·七法》：“犹立朝夕于运均之上。”尹注：“均，陶下之轮也。”均即钧字。《淮南子·原道训》：“钧旋毂转”。高诱

注："钧，陶人作瓦器法，下转旋者。"《汉书·邹阳传》颜注引张晏曰："陶家名模下圆转者为钧。"《汉书·贾谊传》注亦云："今造瓦者谓所转者为钧。"或说钧形似水碓。石勒时得王莽钧如此。综观诸说，钧为圆形，因旋转而得名。陶人看见钧在旋转的运动中而能制造出各种各样的器物，自然也就会联系到日月星辰的旋绕而产生的季节变化与万物消长的关系。所以《汉书·贾谊传》说"大钧播物"，也就是说大宇内天地的旋转不息是产生物体的动力。《汉书注》引如湻（淳）说："陶者作器钧上，此以造化为大钧也。"此即用"陶钧"比喻生养育化之义。

又段玉裁认为《说文》的"匋"字应训为"烧陶器的炉灶"。《诗·大雅·緜（绵）》："陶复陶穴。"《郑笺》说："复穴皆如陶然。"孔颖达《毛诗正义》引《说文》："匋，烧瓦灶也。"又《广雅》也说："匋，窯也。"匋即窯的古字。《说文·穴部》："窯，烧瓦灶也。"大徐本音"余招切"。（即今之"窑"字。）匋本与窯同音。陶亦音遥（见《左传释文》）。清钱坫说："匋，此陶冶义。"匋炉烧瓦器之坯，制成固体；冶炉熔化金属之矿石，使成液体。考《周礼·考工记》记烧陶事较详，言作陶范时，用一种仪器叫"膊"。其文曰："器中膊。"又曰："膊崇四尺，方四寸。”郑玄说：“凡器高于此，则坏（fú 扶）不能相胜。厚于此，则火气不交。因取式焉。”坏即坏（pī 古“坯”字）字，《说文·土部》：“坏，一曰，瓦未烧。”《集韵·十五灰》：“坏，陶器范。”又与“㲉”同。《说文·缶部》：“㲉，未烧瓦器也。读若筩莩。”段玉裁注：“谓读与筩莩之莩同也。”这种陶器坏坏如果高于四尺，在入炉时很容易倾斜折损，如果厚于四寸，则不容易烧透，也难以固形。所以拊泥为坏，必须用“膊”为拟度，端正陶器高厚的尺度。

《说文·仌（冰）部》：“冶，销也。”盖冶字从仌，本谓冰解冻。徐锴引木玄虚《海赋》“阳冰不冶”来注释冶字，是其字的本义，引申为熔金。冶与熔古本双声，实一语之转。《说文·金部》：“镕，冶器法也。”用冶释镕不仅是音训，还可能是同字为训。《仓颉篇》：“熔，炭炉。所以销铁也。”（疑即汉代三仓的注文。）又从台声之字有“饴”，《说文·食部》：“饴，米蘖煎也。”此用煮米销烂制作饴，是饴与冶同象。总之，“陶冶”本谓烧制器皿，熔解金属，今用来比喻熏染和潜移默化，给人一种有益的影响。

与社会生产直接有关系的，是古代科学文化的发展。不了解古代数学、天文学、医学、建筑学等方面的发展状况，缺乏古代礼仪、服装、器物等文化知识，就很难对某些词语作出正确的训释。

比如《诗·豳风·七月》这首诗里，有两种计算年月的方法：一种是用“日”来表示月份的方法，一种是用“月”直接来标志的方法。这两种方法所反映的气候和时间有很大差异。在用“日”表月份的诗中说：“一之日，觱发。二之日，栗烈。无衣无褐，何以卒岁。三之日，于耜。四之日，举趾。同我妇子，馌彼南亩。”大意是说：正月狂风寒，二月冷气逼人，没有衣服过冬，怎能度过这一年。可见二月底就是年终了。但是在用“月”表月份的诗句里说：“七月在野；八月在宇；九月在户；十月蟋蟀入我床下。”这是用蟋蟀鸣叫声音的由远及近，来描写天气由暖转寒的变化。从这里看，十月才接近冬天。这是由于周代民间兼用着两种历法，“一之日”是周历的正月，“七月”是夏历的七月。《孟子》这部书里用的历法都是周历，四时和月份的安排都和夏历不同。《孟子·梁惠王上》：“七八月之间旱，则苗槁矣。”七八月就是夏历的五六月。《孟子·滕文公上》“秋阳以暴之”的秋，是周历的秋天，相当于夏历五六月的夏天，因此太阳暴晒。不了解当时的历法，怎么能正确训释语义呢？

第三，词义的发展与社会制度有关。

语言是交流思想、表达感情的工具，同时，语言也反映着人对社会各个方面的认识。语言是属于社会现象之列的，它离不开人的社会性，离不开人类的历史发展，必然要反映出人与人的相互关系和历代不同的社会制度。因此，训诂学家训释词义时，对当时的社会制度必须有所了解，有所分析，才能得出正确的解说。

比如，祭祀是我国古代的宗教仪式，但在训诂上，“祭”字本应是残杀的意思。如：

《大戴礼记·夏小正》：正月，獭兽祭鱼。十月，豺祭兽。

《礼记·月令》：孟春之月，鱼上冰，獭祭鱼……孟秋之月，鹰乃祭鸟，用始行戮……仲秋之月，豺乃祭兽，戮禽。

这里“獭祭鱼”、“鹰祭鸟”、“豺祭兽”三个“祭”字应直接训为“杀戮”。考商代契文“祭”字作“”“”诸形，形象地表达了残杀奴隶、手执鲜血淋淋的肉块来祭天神和宗庙的样子，实在令人惊心动魄（《说文》也说“祭”字是“以手持肉”）。在氏族部落世界中已存在宗教观念，在部落与部落之间已发生残酷的战争，或已有残杀战俘作宗教牺牲

品之事。在奴隶社会里，战争后有“献俘”的仪式，这类俘虏大多数是作为祭品被残杀，进行人祭的。在殷墟出土的人头骨残片上刻有“夷方伯”等字。这是夷人首领被俘后用为人祭的。《左传·僖公十九年》：“宋公使邾文公用鄫子于次睢之社。”这是春秋时代其遗风未泯。《僖公三十三年》：“君之惠，不以累臣衅鼓，使归就戮于秦。”累臣即俘虏，俘虏作人祭，春秋时代亦或有之。

又“蔡”与“祭”同音。《左传》说“周公杀管叔而蔡蔡叔”（见《昭公元年》），又说“管蔡为戮”，而《尚书·禹贡》说“三百里蔡”，马融注：“蔡，法也。”此谓刑法。《三体石经》“蔡”字古文作“”，即《说文》之古文“杀”字，可证祭与杀同字，祭就是杀。祭又与“肆”同。《大戴礼记·夏小正》：“七月，狸子肇肆。”《传》曰：“肆，杀也。”《论语·宪问》“肆诸市朝”即“杀之于市”。而《尚书·牧誓》“昏弃厥肆祀弗答”则以肆祀为祭祀。《周礼·典瑞》之“以肆先王”就是“以祭先王”。

由以上证明，祭祀就是肆，就是杀，是一种最野蛮、最残酷的行为，但在宗教仪式下，给“祭”字傅上了祭天神、祭祖先的庄严色彩。商代用奴隶作人祭，在甲骨文中有很多记载。例如山东省博物馆的藏甲上记载，一次祭祀先王的“多妣”，就用了“小臣州、小妾州”男女奴隶共六十人作人祭。人祭时，多数以戈钩颈的办法进行残杀，有些杀而破腹屠肠，有此则割掉人头。在殷墟一座祭坛上及其周围，就发掘出奴隶作人祭的遗骨，留下了惨不忍睹的景象。

又如：“封建”这个词，原指“封土建国”的制度[①]，盛行于奴隶制社会。封建之“封”反映了古代以土地为劳动资料，以农业为主要经济基础的情况。从“封”字的字形结构看，甲骨文作“”，钟鼎文作“”（康侯封鼎），作“”（六年琱生簋），作“”（散氏盘）。《说文》所收的篆文作“”，籀文作“”，古文作“”，其形皆自相似。从这些字形去分析，“封”字的本义是培育植物。比如：

> 《左传·昭公二年》：宴于李氏。有嘉树焉，宣子誉之。武子曰：“宿敢不封殖此树以无忘角弓。”

封殖连用，可证“封”是培育。《左传》在这里虽然说的是以土培树，其实培育农作物也叫“封”。“丯”即丰收之正字。《毛传》：“丰，丰满也。”正形容土地上庄稼的丰满。

① 柳宗元《封建论》所说的“封建”，就是“封土建国”。

栽培植物，必须聚土，所以郑玄说“聚土曰封”。

到了阶级社会，统治阶级把土地据为私有。故《诗·小雅·北山》说：“溥天之下，莫非王土；率土之滨，莫非王臣。”王是大奴隶主。在奴隶制社会中施行的封土建国制，就是大奴隶主以土地分封下边的奴隶主，使其据有土田，用奴隶们进行生产。《说文》“封”字训为“爵诸侯之土”，则是封建的意义。据古代记载，诸侯受封时，建大社于国中，其坛，东青土，南赤土，西白土，北骊土，中央黄土。将建诸侯，凿取其方一面之土，苞以黄土，苴以白茅，以为土封。（详见《逸周书·作雒》）这是封诸侯的仪式，然后用聚土作诸侯所占有土地范围的标志。

“封”字的这个意义又还可以从古籍的记载得到证明。例如，诸侯的土田叫“邦”。“邦”字在甲骨文作“”，毛公鼎作“”，《说文》作“”，古文作“”，亦皆自相似。古书中“邦”与“封”亦音义相同。段玉裁说：“邦之言封也。古邦封通用。《书序》曰‘邦康叔，邦诸侯’，《论语》云‘在邦域之中’（郑本作封），皆封字也。”《左传·昭公七年》“邦”又称“封略”，所谓“天子经略，诸侯正封”。又说：“封略之内何非君土；食土之毛（苗）谁非君臣。”“封”是诸侯土地的边界线。这种边界线也

叫“倍敦”。《左传·定公四年》：“分之土田倍敦。”《释文》：“倍本亦作陪。”《说文》作“培”，《土部》：“培敦，土田山川也。”“倍敦”、“培敦”是土堆，也是用聚土的方法标志边界线[①]。因此，封又引申为疆界、国界的意义。《左传·成公二年》：“无入尔封”。杜注：“封，竟（境）也。”《周礼·地官》有“封人”，即管理边界线的官吏。田的画界也叫“封”。《左传·襄公三十年》：“田有封洫。”杜预注：“封，疆也。”

再有，聚土做成的东西都叫“封”。坟是聚土而成的，古代也叫“封”。《广雅·释邱》：“封，冢也。”《礼记·檀弓》：“吾见封之若堂者矣。”郑注：“筑土为垄”。《左传·文公三年》：“封殽尸而还。”贾逵注：“封，识之。”这也就是聚土把殽之战死者埋起来并作标识。因此，封字有封闭、封锁、封盖的意义。

总起来说，“封”本以聚土培植农作物为原始意义，以聚土义为核心，由此产生了一系列的引申义。

以上的例证说明社会制度的状况对词义的形成和发展有着多么巨大的影响。如果我们不了解古代的社会制度，对有些字

---

① 蒙古语中有“敖包”、“鄂博”，也是用土石累积而成的边界线的名称，其形式与“倍敦”是相同的。

词的本义以及其整个词义的系统性就难以理解和掌握。这样去阅读、注释古籍，只能停留在肤浅的水平上，“隔靴搔痒”，甚至产生误解。

以上所谈的以形说义、因声求义、核证文献、考察社会的方法，是前人给我们留下的宝贵经验，也是实践证明行之有效的经验。近代语言理论的发展，进一步证明了这些方法的科学性，所以我们今天仍要吸取。这些方法必须联系运用，不可偏废。至于前人在运用这些方法时，由于证据不足或考释不精而得出的一些个别的结论有误，只要我们进行缜密的分析，是可以辨别错误的所在并找出错误的原因的。我们既不可因为个别结论的失误而全盘否定前人的经验，也不可死守前人的成规而原封不动地盲从他们的一切结论。只有这样，训诂学才能在前人的基础上得到发展。

四、训诂的运用

训诂是一项比较专门的工作。过去，它只与少数专家发生关系，一般人不太注意它，也不太了解它。随着近代科学的发展，人们对批判地继承古代文化遗产的重要意义，越来越有了更为深刻的认识；对古代文献的阅读和研究，逐步涉及到更多的领域，而且日益深入了。加之人民文化水平的提高、语文教育的发展，使训诂的工作既有进一步提高的必要，又有了广泛、迅速普及的必要和可能。

有人认为，训诂可以仍然只为少数专家所掌握，当其他人阅读古籍发生困难或某些古代文献需要普及时，只要作一点翻译工作，把古代汉语译成现代汉语，就可以为一般人接受了。事实上，问题没有那么简单。当一些古代文献需要更多的人了解时，往往需要采用翻译的方法来帮助人们阅读。但是，如想对文献的思想内容更深入地了解，翻译就不能完全解决问题了。固然，同一民族的语言在发展中总有它较为稳定的因素，不同历史阶段的语言之间共同的或对应的成分是大量存在的。但是，随着时间的推移，生产方式、社会制度以至一切社会生活和人的心理，都要发生变化。时间越久远，变化越巨大。语言必须完全适应当时的社会现实，才能担负起社会交际的职能。因此，当社会有了这样巨大的变化之后，要绝对准确地翻译前代的文献，后代语言总是无法完全胜任的。时代相隔越远，这种无法翻译的情况就越突出。特别是，古代的政治、文学、医学和其他科学等等，都有很多今天的人们所未能见到的独特之处。要想准确描绘古代的状况，深入理解古人的思想，细腻地再现古人表达的神情，翻译是不能完全解决问题的。我们可以举例来说明这一点：

《战国策·齐策》："楚有祠者，赐其舍人卮酒。"卮是一种圜形的酒器。应劭说："卮，饮酒礼器也，古以角作，受四升。"因此《齐策》的下文说："数人饮之不足，一人饮之有余。"又《汉书·樊哙传》："羽曰：'壮士，赐卮酒彘肩。'哙既饮酒，拔剑切肉食之。项羽曰：'能复饮乎？'"也正因为卮容四升，所以项羽才有此问。这个卮字如果译成现代汉语，就只好译成"杯"或"碗"，但是这样译仍然说明不了卮的容量，因而也就妨碍了对下文的理解。这是由于古今器物不同，因而用现代汉语难于翻译。至于何以一人可以饮四升之多，这就又与古代酒的浓度有关，更不是翻译所能解决的了。

贾谊《过秦论》：“秦孝公据崤函之固，拥雍州之地，君臣固守以窥周室。有席卷天下，包举宇内，囊括四海之意，并吞八荒之心。”作者用一个“有”字领起下面四个短语，其中“天下”、“宇内”、“四海”、“八荒”是同样的意思；“席卷”、“包举”、“囊括”、“并吞”也是同样的意思；“意”和“心”更是毫无区别。作者正是用这样多的同义词构成了这句话的排奡的气势和铿锵的声调，借以表现秦孝公雄心勃勃的气概。像这样的句子就更难用现代汉语来翻译了。

从这几个例子中可以看出，使更多的人能直接依靠注释书和工具书来阅读、研究古代文献，吸取前人训诂工作的成果，掌握训诂的方法，了解训诂的体例，确为当前的一项重要的工作。训诂学在今天对于我们来说，不只有学术的价值，还有极大的实用价值。

那么，训诂在今天究竟有哪些用处呢？

（一）运用于古代文献的注释工作

我国古代文献非常丰富，很多宝贵的文化遗产有待发掘、整理。在古代文献中，虽有一部分已经过注释家们注释，但一则由于当时历史和阶级的局限，多有不够准确之处；再则，前代人的注释到了今天，在语言上又产生了新的隔阂，仍为一般人所不懂；何况，还有更大量的文献古籍从未经过整理，不能为今天的政治、经济、文化的发展服务；所以今后文献注释的任务还是很艰巨的。

要想准确地注释古书，非通晓训诂学不可。拿《论语》为例，这部书在中国漫长的封建社会里一直是作为“经典”来传播的，各派注家均有注释。对这部书的评价，目前还有不同的看法。但不论如何评价，都应首先从文句上正确解释它，还它以本来面貌。而对《论语》的解释，也还有进一步订正的必要。如：

《论语·阳货》：时其亡也而往拜之。

这句话是说孔丘不愿结交阳货，又怕失礼，所以当阳货不在家的时候去拜见他。这里的“时”如何讲？有人主张“时”是“伺”的假借，意即“窥测”。这个说法比较牵强。一则，“时”与“伺”古代同韵而异纽，“伺”又是很晚出的字形（见徐铉说），古代“伺”只作“司”，商鞅变法有“收司连坐”之语，“收司”即“纠伺”，可证“伺”古作“司”，如以“时”假借为“司”，就更不妥了。二则，意思上也有勉强之处。《论语》是孔丘弟子记载他的言行的书，不会用这种形象来描绘孔丘。我们根据训诂的方法多方考察，可以证明“时”是“待”的假借：

首先，推求古音的正确读法。根据章炳麟先生《二十三部音准》和黄侃先生的《古本音》，“时”的古音读dāi，与“待”同音。二字均从“寺”得声，声符相同。

其次，文献中其他例证，证实先秦确有“待”假借为“时”的习惯用法。《尔雅·释宫》：“室中谓之时，堂上谓之步，门外谓之趋。”这是讲人在宫中的动作。“时”即是“待”，今写作“呆”（dāi），即“停留不动”。《庄子·逍遥游》：“犹时女也。”司马彪注：“时女犹处女。”即“待于室中之女”，“处”、“待”都是呆（dāi）着，可证“时”即“待”。又《尔雅·释宫》：“鸡栖于弋为榤，凿垣而栖为埘。”则“埘”亦“时”的后出字，“埘”即鸡居处待止之所，可证“时”、“待”二字之关系。

再次，“待”有“等待”之义。今天的“待”两读，一读平声（dāi），或写作“呆”，当“停留”讲；另读去声（dài），当“等候”讲。前面的“待”借作“时”，都取第一义。“时其亡”的“时”借作“待”，是取第二义。但在文献语言里，是否“待”有“等候”义呢？《左传·襄公三十年》：“甲午，宋大灾。宋伯姬卒，待姆也。君子谓宋共姬女而不妇。女待人，妇义事也。”《穀梁传》说这件事：“伯姬之舍失火，左右曰：‘夫人少辟火乎？’伯姬曰：‘妇人之义，傅母不在，宵不下堂。’左右又曰：‘夫人少辟火乎？’伯姬曰：‘妇人之义，保母不在，宵不下堂。’遂逮乎火而死。”《公羊传》也记载这件事：“宋灾，伯姬存焉。有司复曰：‘火至也，请出。’伯姬曰：‘不可，吾闻之也，妇人夜出，不见傅母不下堂，傅至矣，母未至也。’逮乎火而死。”我们参照《穀梁传》和《公羊传》的记载，就可以明白，《左传》“待姆”的“待”和“女待人”的“待”，均义为“等候”，今应读去声。《左传·文公十五年》：“立于朝以待命。”这个“待”也当“等候”讲。“时其亡”的“时”的“等候”义，就是假借这个“待”而产生的。

经过这样一番考察后，“时”的注释才能准确无误。否则，必然牵强附会，作出错误的训诂。

考释的工作所以非常艰巨，还因为前人所作的训诂中，也常有不准确或不明了之处。如果拘于旧注，不求甚解，往往会误入歧途。因此，必须有科学的方法，对旧说加以订正。

例如：

《逸周书·度邑》有“未定天保”之语。又说：“定天保，依天室。”“天保”在这里指雒邑，即成周。“定天保，依天室”的意思是说：天上的众星以北斗星为中心，分布罗列、围绕旋转。兴建雒邑时，也是按这个形状来设计的。那么，为什么称雒邑为“天保”，决定兴建雒邑又是怎样“依天室”的呢？过去的解释是：雒邑居地之中，上比天极。章炳麟先生也曾引证《周礼·大司徒》：“日至之景，尺有五寸谓之地中。天地之所合也，四时之所交也，风雨之所会也，阴阳之所和也。然则百物阜安，乃建王国焉，制其畿方千里而封树之。”他认为这段话说的就是在“地中”修建“王国”，这个“王国”就是成周，也就是雒邑（在今河南洛阳市）。

但是，雒邑实际并不在当时的“地中”。据《大司徒》郑众注：“土圭之长尺有五寸，以夏至日立八尺之表，其景适与土圭等，谓之地中，今颍川阳城地为然。”孔颖达疏说：“颍川郡阳城县是周公度景之处，古迹犹存。”这很明确地指出当时的“地中”在颍川（今河南登封县东），而不在雒邑。用雒邑在地中来解释“依天室”，也就没什么根据了。

为了正确解释这几句话，必须正确考释“天保”这个词的词义。实际上，“保”的词义来源于“部”。“部”是古代车盖的一个部件。盖是车盖，也就是古人车上张开的车伞。根据《周礼·考工记·轮人》、《释名·释车》、《华严经音义》等书考证，可以知道车盖的构造：车盖的支撑物是一根直立的竿子，叫作桯（yīng）。桯紧接着一个固定伞面的部件，叫达常。达常的顶端则是部。部又名盖斗，直径长六寸。部和达常共长二尺。部的周围有二十八个凿孔，每个孔插一枚盖弓，盖弓又名橑。这二十八枚盖弓便以部为中心四向张开，如同伞骨。盖弓上面再蒙上伞衣，便成伞盖（见下图）。

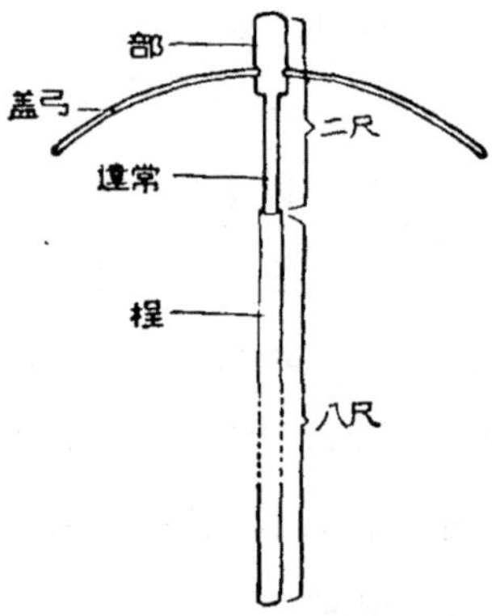

盖的平面图

说　明

1. 部：又名盖斗。部广即部径，径者，圆中之直也。依《轮人》，部广六寸，部长二尺，部上凿孔以纳盖弓。

2. 达常：围三寸，则直径约一寸。

3. 盖弓：又名橑。如屋之椽，共二十八枚。

4. 桯：郑众曰：“桯盖杠也。”《华严经音义》云：“杠谓盖竿也。”《论衡·说日篇》又谓之盖茎。桯长比部长倍之四尺者二，则为八尺。

“部”字又作“保”。《御览·天部》引桓谭《新论》：“北斗极天枢。枢，天轴也，犹盖有保斗矣。”“保斗”就是“盖斗”，“保”字又作“葆”。《论衡·说日篇》：“极星在上之北，若盖之葆矣。”“葆”就是“部”。正因为“部”是车盖的中枢，盖弓是由这里分布出去的，所以引申为“部分”、“部属”、“部次”之义。

把车盖的“部”引申到天文学上，于是而有分天部之说。《史记·历书》：“方士唐都分天部。”孟康说：“分部以二十八宿为距度。”“部”在这里指北极星。所谓分天部，就是以北极星为中枢，把它四周的天域划分成二十八个等分，每个等分都以其中的一组星为代表，这就是二十八宿。北极星和二十八宿的关系，恰似车盖的部与二十八枚盖弓的关系。所以北极星也叫部，或叫保，叫保斗，也叫天保。《御览·天部》所引桓谭《新论》还具体描绘了古人对这种天文现象的认识：“盖虽转而保斗不移，天亦转周匝而斗极常在，知为天之中也。”

正因为古代以天之中枢为天保，所以引申称政治的中枢也叫天保。雒邑为天保，并非指它的地理位置在地中，而是指它政治上的作用和地位犹如北极星之于其他星宿。

这一点，还可以从古代的政治观念来证实。我国古代的统治阶级，总是把邦国之治和天象联系在一起的。这是他们“受命于天”的政治思想的反映。他们把众星围绕北极星运转比作地方唯中央的命令是听，也是基于这种观念。例如《周礼·春官》有“冯相氏”和“保章氏”之官。冯相氏是掌日月星辰不变依常度者，保章氏是掌日月星辰变动与常度不同者，由此以见吉凶之事。疏曰：“此经论北斗及二十八宿所主九州及诸国封域之妖祥所在之事，故云以星土也。”这就是说，从星象上看，如果众星运行正常，则象征着国家政治的稳固；如果运行不正常，则象征着国家要出乱子，政权不稳。所以《鹖冠子·王鈇》也说：“列星不乱，各以序行，故小大莫弗以章。”意思是说，国家的大事小事，都会从星象上反映出来。他们把政治中枢比作北极星，也是以政治附会星象。《论语·为政》：“为政以德，譬如北辰居其所而众星共之。”刘宝楠《论语正义》引郑注：“北极谓之北辰。”又引郭璞注：“北极，天之中。”所以北极、北辰、天保实际上是一物而三名。郭璞又更为明确地说：“蔡邕《明堂月令论》以北辰居其所为人君居明堂之象。谓明堂为政教所由生，变化所由来，是明一统，其说是也。”这就更加证明古代把政治中枢比作北极星，是当时的一种政治观念的反映。

周代把政治中枢比作北极星，又把雒邑看作政治中枢，这是由周王朝的政治形势决定的。武王灭纣的初期，商朝奴隶主的社会势力还很强大。武王为了分化、利用商朝贵族的势力，封纣子禄父（即武庚）和殷之余民为商后，留在今河南地区的商都。但是又担心“殷初定，未集”，而使管叔、蔡叔和霍叔进行监督，称为“三监”。在这之前，文王都丰，武王又修建了镐京。但是由于镐京地处西偏，武王总是担心东方的局势不稳，以至“日夜不寐”，并对周公说：“以至今，我未定天保，何暇寐！”武王死后，果然发生了武庚勾结管叔、蔡叔的叛乱。周公用了三年的时间进行讨伐，才平定下来。为了防止商朝奴隶主贵族再举行叛乱，就先把“殷顽民”迁于“九里”。这就是《逸周书·作雒》所说的“俘殷献民，迁于九里”。同时又兴建雒都。建成之后，乃迁“殷顽民”于成周。这就是《多士序》所说：“成周既成，迁殷顽民。”他还对“殷顽民”给以严厉的警告说：“吉尔殷多士。今予惟不尔杀，予惟时命有申。今朕作大邑于兹雒。予惟四方罔攸宾，亦惟尔多士攸服，奔走臣我，多逊。尔乃尚有尔土，尔乃尚宁干止。尔克敬，天维畀矜尔。尔不克敬，尔不啻不有尔土，予亦致天之罚于尔躬。”（见《多士》）“九里”也作“臼里”，其地在孟津，是东周畿内地。可见雒邑未成之时，先迁“殷顽民”于畿内。雒邑建成之后，乃迁之于成周，并且预先警告。

这都说明周公兴建雒邑是出于政治形势的需要，是为了加强周王朝对殷遗民的统治。西周虽有镐京和雒邑两都，镐京不过是为了防备西方犬戎的侵袭，实际上是把政治中心放在雒邑的。

对《逸周书·度邑》的“天保”给予正确解释之后，对《诗·小雅·天保》这首诗也就容易解释了。诗中所谓“天保定尔，亦孔之固”，就是说雒邑建成之后，周王朝就十分稳固了。《郑笺》训“保”为“安”，仅是从字面上加以解释，并没有阐明这首诗的政治意义和“保”字的确切词义。

从上面两个例子我们可以看出，在对古代文献进行注释时，除了对前人已作出的训诂进行有分析的吸取外，还要遵循经过实践证明是科学的训诂方法，分辨前人结论的正误，并进行新的考释工作。做注释工作的人不懂训诂学，是很难把工作做好的。

（二）通过训诂了解和研究古代社会及其科学文化

由于语言的社会性，作为研究语言思想内容的训诂学，总是跟社会的研究密切相关的。二者相辅相成，互相推进。我们既必须通过研究古代社会来作出正确的训诂，又需要通过研究训诂来获得研究古代社会的重要资料。

例如，我们对中国古代社会的家庭状况，可以通过对“備（备）”这个字的训诂知其一二。

恩格斯指出：“对畜群的私有制，一定是很早就已发展起来了。”（引自《马克思恩格斯选集》第四卷第49页，1972年版）随着这种对畜群的私有制的发展，出现了男子占统治地位的家长制家庭。《说文·宀部》“家，居也”（甲骨文“家”字作，作下豕形，从宀，从豕）就是畜群完全转归家庭所有这种制度在文字上的反映。恩格斯说：“这种家庭的主要标志，一是把非自由人包括在家庭以内，一是父权。”（同前书第52页）在这样的家庭里，妻子便落在丈夫的绝对权力之下，变成丈夫的奴隶。《穀梁传·隐公二年》所说的“妇人在家制于父，既嫁制于夫”，也说明了妇女在这种家庭中的地位是多么低下。

氏族社会中，处置战败敌人的男女有所不同：男子被杀死，妇女则作为妻子被收养入族，其实也就是奴隶。所以甲骨文“女”字作“”，象两臂背缚跪倒之形。由此可见，妇女在这种家庭中，是与奴隶或牲畜同等看待的。这一点，在语言文字里也可以得到充分的证明。《说文·人部》：“備，慎也。”“備”与“服”乃一语之变。《史记·赵世家》：“（武灵王）曰：‘今骑射之備，近可以便上党之形，而远可以报中山之怨。’”《战国策·赵策》则作“骑射之服”。《礼记·曲礼》：“纳女子于诸侯曰備酒浆，于大夫曰備洒埽。”備即服役，则《汉书·司马迁传》“備行伍”，实亦服役于行伍。可知“備”字训慎，是诚实服役的意思。服役者自然是非自由人，也就是奴隶。从字形上看，“備”的古文作“”，下从女。“服”字《三体石经》古文作“”（见《书·无逸》“文王卑服”和《春秋经》“叔服”的古文），从，从女。至于女上加一横画，只不过是笔势取姿，和石鼓文、秦权中“安”字作，在女旁加一直画一样，是没有意义的。从“備”、“服”二字都从“女”来看，可知首先沦为奴隶的是妇女，她们在家庭中要承担家务劳动。所以《说文·女部》“婦”字下曰：“服也。从女持帚，洒埽也。”服就是服役，洒埽是家务劳动的一种，在这里只是举一概全而已。所以婦是以服役而得名的，其地位则与奴隶相等。

我们还可以知道，不但人之服役曰備曰服，而且驱使牛马服役亦曰備曰服。備与犕通。《说文·牛部》：“犕，《易》曰：‘犕牛乘马。’”犕亦作服，今《周易·系辞》作“服牛乘马”。所谓服牛就是使唤牛，乘马就是驾马。《左传·僖公二十四年》：“王使伯服如郑请滑”。《史记·郑世家》作“伯犕”。《诗·小雅·大东》：“睆彼牵牛，不以服箱。”箱是车箱，服箱也就是犕牛驾车的意思。总之，这里曰犕曰服，就是给牛马加上羁绊辔勒，然后可使驾车负重，为人役使无不如志。今语犹有“犕马”这个词。由是言之，使奴隶服劳役为服为犕，驱使牛马服劳役也为服为犕，可见奴隶就是人畜，而妇之服役实际上也就与奴隶或人畜无别，因此可以说妇即奴隶之名。

妇，古籍中亦作负。《汉书·高帝纪》：“常从王媪武负贳酒。”如淳说：“俗谓老大母为阿负。”《列女传》：“魏曲沃负者，魏大大如耳之母也。”可见此两“负”字就是妇。“负”字有两义，一是背负任重，则牛马以脊背驾车驮物，或奴隶之服劳役皆得谓之负。妇通作负，是因为妇女必须承担家务劳动。二是受贷不偿曰负（见《说文》）。在畜牧业发展起来以后，社会上出现了贫富不均的现象，贫者在无力偿还债务时，则以女抵债，成为富者的女奴隶。妇通作负，又是因为妇女亦为偿贷之女。

又如，我们了解古代文化科学的情况，也可以通过对有关词语的训释来加以研究。

比如“药”字。“药”字有两个意义：一为医药之药，一为火药之药。这两种都是我国的科学发明。《说文》：“药，治病草。”汉人谓之“勺药”或“芍药”。勺药之名有调味之义。如《论衡·谴告》："酿酒于罂，烹肉于鼎，皆欲其气味调得也。时或咸苦酸淡不应于口者，犹人勺药失其和也。"《论衡》所说的"勺药"即今语的"佐料"，"勺药"与"佐料"本一音之转，应是连语。引申之，食物也叫"勺药"。如张衡《南都赋》："归雁、鸣鵽（duǒ）、黄稻、鲜鱼，以为勺药。"此犹今语泛谓食物为调和。《说文·甘部》"曆"（gān甘）下说："厤（历），调也。"调即调和。可见以食物为调和，其语甚古。勺药即药的语变，可见我国古代的医药与饮食有极密切的联系。考药物有姜、葱、桂皮、乌梅等，实际即和齐咸酸苦辣甘辛的佐料。广东有"黄芪鸭子"，就是用药物调味。唐人昝殷写过一个医书，名《食医心鉴》，其处方中多用食品。如治脚气方用"鸭子"、"粳米"等物，则药物即食物的调和。医药本于食物，由《周礼》可以考见。天官掌饮食之官有"食医"，即今掌管配备食物材料的炊事员（北京俗称"二灶"）。《食医》："掌和（调和）王之六食、六膳、百羞、百酱、八珍之齐。""齐"即处方的剂，谓品物与分量之总和。《食医》中又有"食齐"、"羹齐"、"酱齐"、"饮齐"等，是不同的饮食用不同的"调和"和"量数"，也是剂字。中医重视药物的咸酸苦辣，而《食医》因气节的冷暖，亦有咸酸的调配，如"春多酸”、“夏多苦”、“秋多辛”、“冬多咸”等。又中医处方以主治药品和辅佐药品互相调配谓之“君臣调配”。《食医》说：“凡会膳食之宜，牛宜稌，羊宜黍，豕宜稷，犬宜粱，雁宜麦，鱼宜苽。”此虽以主食副食相配，亦医疗配合的法则。由此言之，疗为治病，亦以治饿，故《诗经》言“可以疗饥”。

“药”又训火药。火药是我国四大发明之一。其语本应作“爚”。《说文·火部》：“爚，火飞也。”“爚”与“焰”、“焫”本同。《说文·炎部》：“焰，火行微焰焰也。”“焫，火行也。”即今之“焰火”（俗作“烟火”）。字亦作“玓瓅”，与“勺药”同音。《说文·玉部》：“玓，玓瓅，明珠色。”玓瓅之所以与灼烁同，是因为珠光与火光同色。《诗·豳风·东山》：“熠燿宵行”。《毛传》：“熠燿，燐也。燐，萤火也。”《汉书·艺文志》：“燿金为刃。”则燿即烁字。总之，玓瓅、灼烁、熠燿为一语之转。

从“药”的训诂中，我们既可了解古代医药与食品的关系，又可证实我国很早就有火药、焰火的发明。

其他诸如古代的数学、物理学、天文学、气象学、中医学……无一不需要通过训诂来进行研究。

（三）运用于工具书的编纂

任何时代都要编纂为自己时代所需要的语言工具书。有了工具书，才有利于文献古籍和科学文化的普及。而对工具书的编纂和修订，离开训诂学，是无法进行的。

首先，工具书的体例，总要参照前人训诂专书和注释书。我国最早的字典是许慎的《说文解字》。它首创了用偏旁部首来统帅文字形体的编排方法。这个编排方法，至今仍为现代新编的字典辞书所采用。比如，《新华字典》虽然改成了音序排列法，但人们常有读不出音的字需要查检，因此，还必须附上以部首编排的索引。

其次，今天编纂字典辞书时释词的方法，仍未越出前人的范围。汉代人释词的方法可以归纳为以下三种：

第一，互训。

互训是用同义词相互解释的一种释词方法。训诂首先从同义词的调查研究入手，在实际的语言材料里找出同样环境的词，加以比较、综合，然后用来互训。

这种互训的方法，是取训释词和被训释词在词义上相同的方面，但也无形中给比较它们的不同方面提供了条件。比如《尔雅·释诂》“疑，戾也。”这是根据《诗·小雅·雨无正》“靡所止戾”和《大雅·桑柔》“靡所止疑”这两句诗而得出的。这两句话都描述了国家灭亡，人民没有安定处所的情形。“疑”和“戾”都表现了“安定”的意思。《尔雅》认为这两个词在同一语言环境中曾有过相同的意思，所以将它们互训。又如《尔雅·释诂》：“询、度、咨、诹，谋也。”这是根据《诗·小雅·皇皇者华》中二至五章的末句“周爰咨诹”、“周爰咨谋”、“周爰咨度”、“周爰咨询”等几句话中的“咨诹”、“咨谋”、“咨度”、“咨询”都当“访问”讲，所以这里都是同义词复用。《尔雅》就把它们综合起来，作成了互训的训诂。当然，这种互训，只是指在特定的语言环境下它们有相对的同义，并不等于它们在一切环境中绝对同义。但有了这种综合，比较它们的不同之处也就有了条件。所以后代注《尔雅》的人，都很重视阐明这些互训的词有所区别之处，以免人们误以他们为绝对的同义而妄为求训。

除了同时代的语言可作互训外，古今的异言也可以作互训。《尔雅》在《释诂》、《释言》里曾用司马迁在《史记·五帝本纪》中用以翻译《尚书·尧典》的文字，与《尧典》的原文比较，以今释古，作出了许多互训。试比较如下：

《尧典》原文	《五帝本纪》译文	《尔雅》

协和万邦	合和万邦	协，合也。
钦若昊天	敬顺昊天	钦，敬也。
		若，顺也。
历象日月星辰	数法日月星辰	历，数也。
宅嵎夷	居郁夷	宅，居也。
寅宾出日	敬道日出	寅，敬也。
厥民析	其民析	厥，其也。
允厘百工	信饰百官	允，信也。
庶绩咸熙	众功皆兴	庶，众也。
		绩，功也。
		咸，皆也。
		熙，兴也。
共工方鸠僝功	共工旁聚布功	鸠，聚也。
有能俾乂	有能使治者	乂，治也。
		俾，使也。
方命圮族	负命毁族	圮，毁也。
师锡帝曰	众皆言于尧曰	师，众也。
帝曰俞	尧曰然	俞，然也。
克谐以孝	能和以孝	克，能也。
不格奸	不至奸	格，至也。

厘降二女于妫汭	饰下二女於妫汭	降，下也。 于，於也。

这种古今异言的互训，是解释词义的一个较好的方法。它比较适应词义概括性的特点，语言上也简洁、明了。所以，历代的字典、辞书的编写以及古书的注释，都大量采用了这种方法。

第二，推原。

训诂解释词义的另一种方法，是根据词的声音线索，探索词义的由来。这种方法叫推原。比如，农历十二月叫“腊月”，夏至第三个庚日起有“三伏”。为什么叫“腊”、叫“伏”呢？首先查一下历史，知道“腊”和“伏”是古代农村里的两种祭祀（“腊祭”在十二月举行，“伏祭”在夏至第三个庚日以后举行）。这两种祭祀因何得名呢？“腊祭”是用腊肉作祭品的祭祀，命名为“腊”，比较容易解释。“伏祭”是用杀狗作仪式，“伏”因杀狗而得名。杀狗为什么叫“伏”？《周礼》上称“伏祭”为“疈辜”。“疈”是“副”的异体字。“伏”、“副”古音相同，“伏”是“副”的同音假借字。《说文解字》“副，判也”，就是用刀剖开的意思，也就是杀。现在湖北方言仍把宰杀牲口叫做“副”，说“副猪”、“副鸡”等，即保留了古语的原音原义。据此可知“伏”的杀义是由此而来。

前面，我们在“因声求义”这个训诂方法中，也讲到了同源字的问题。这里所说的推原的释词体例，就是这种训诂工作的具体体现。前面说过，这种方法，如果没有大量的文献语言作为佐证，常会穿凿附会。但是，这种体例，对于今天编纂语言工具书，特别是编写同源字典，仍是有参考价值的。

第三，义界。

用一句或几句话来阐明词义的界限，对词所表示的概念的内涵作出阐述或定义，这种方法叫做义界。

义界比互训在训诂上的应用更为广泛和普遍，这是因为语言中决然相同的两个词是很少的。互训只能对具体语言环境中的相对同义的词进行比较，并不能说明词的概括意义。用义界的方法来训释词义，对帮助人们了解词的概括含义，是更为行之有效的。比如《说文解字·旦部》：“暨，日颇见也。”这就是用义界的方法来训释“暨”。“颇”是偏斜的意思。“日颇见”有两个含义，一个是和“日全见”相反的，意思是太阳没有出来而只看见它旁射的光芒。这是时间上的“暨”。另外一个是和“日正见”相反的，因为太阳是直射赤道，赤道南北纬二十三度半以内是“日正见”的地方，其他都是“日颇见”的地方，这是方位意义上的“暨”。这个词一方面标志了时间：太阳尚未涌出而大地上已有光亮，所谓“暨旦”的时候；一方面标志了方位：“朔暨”——最北方，“南暨”——最南方。对于这样一个有复杂内容的词义，许慎只用“日颇见”三个字就准确地概括出来了。又如《说文解字·车部》对“辍”的解释：“辍，车小缺复合者。”“辍”的本义不是停止，而是行车中途发生障碍，修理修理还可以继续前进的意思。由此引申成凡是中间暂时停止的现象都叫“辍”。再如《说文解字·辵部》对“达”字的解释：“达，行不相遇也。”凡是中途遇到任何事物都会有被阻止的可能。走一条路而没有相遇的事物，自然是通达的了。这些义界都是概括得既简练又准确的。

这三种训诂方式，在编纂语言工具书时仍然是离不了的。实际上，目前所有的字典、辞典在解释字、词时仍然必须用互训或义界的方法，或者二者兼用之。用今天的语言来概括地说明词义，还必须吸取前人训诂的经验。

除了在训释体例上训诂为工具书编纂提供了方法和经验外，对具体词语的释词，要想求其准确，也必须懂得训诂。举例来说：成语“不毛之地”，不少词书解释成“寸草不生之地”、“不长草的荒地”……这些解释都把“毛”作为草木的比喻之词来理解。这是一种不通训诂的错误解释。《说文解字·虎部》：“虦（zhàn栈），虎窃毛谓之虦苗。”段注：“按毛苗古同音，苗亦曰毛，如不毛之地是。”《说文·见部》：“覒，从见，毛声。读若苗。”可证“毛”是“苗”的假借，义为五谷、庄稼。“不毛之地”应解释成“不长庄稼的荒芜之地”，并不是连草也不长。这一点在文献中有多处证明。《公羊传·宣公十二年》：“君如矜此丧人，锡之不毛之地，使帅一二耋老而绥焉。”何休《公羊解诂》：“垚埆不生五谷曰不毛。”《左传·昭公七年》：“封略之内何非君土，食土之毛，谁非君臣。”均可证“毛”是五谷。《周礼·地官·载师》：“凡宅不毛者，有里布；凡田不耕者，出屋粟。”郑众注：“宅不毛者，谓不树桑麻也。”这里的“桑麻”不是只指桑和麻，而是农作物的总称。《孟子·梁惠王上》：“五亩之宅，树之以桑。”《汉书·食货志》：“还庐树桑。”何休《公羊解诂》：“还庐舍，种桑荻杂菜。”可证桑麻代一切农作物，凡农作物都叫“毛”。更可证明这一点的是诸葛亮《出师表》的“五月渡泸，深入不毛”一句。这里说的是云南，云南非沙漠之地，岂能不长草？只是土地荒芜，不种五谷而已！

由此可见，不通训诂，对一些词语的解释，不可能确切，常会望文生义而降低工具书的科学性和使用价值。

（四）运用于指导阅读和语文教学

在语文教学和课外阅读中，常会遇到一些疑难问题，许多人常以“不求甚解”的办法一略而过。这样作，必然会影响对文章深入、准确的理解。为了更有根据地解释这些疑难问题，语文教师有必要懂得一些训诂常识。

比如，在中学语文课本《曹刿论战》一文中，有“齐师败绩”一句话。一般解释只说“败绩”就是溃败、大败。那么，大败为什么叫“败绩”呢？这个问题，只有通过训诂去解决。

“败绩”确实是打了大的败仗的意思。《左传》写战争，对某方打了大的败仗都叫“败绩”，如“齐师败绩”（见《庄公十年》），“楚师败绩”（见《僖公二十八年》）等。《左传·庄公十一年》解释它的意义说：“凡师……大崩曰败绩。”杜预注：“师徒挠败，若沮岸崩山，丧其功绩，故曰败绩。”杜预的这个解释纯系望文生义。邯郸淳《三体石经》古文“败绩”的“绩”作“𨒪”。考《说文·二卷下·辵部》，“迹”字或从足作“蹟”，籀文作“𨒪”。是石经古文“绩”字与籀文“迹”字从朿，作𨒪。凡循道而行谓之“迹”，如是则车不能循道而行谓之“败绩”，“败绩”的“败”应即“退”（坏也）字，“绩”应即“迹”字。春秋时代的战争以用兵车进行车战为主，因此，战争中兵车垮了是最大的败仗，是之谓败绩。对“败绩”的这个训释还可以从这个词并不专用于战败而得到证明。如《左传·襄公三十一年》记载郑子产的一段话，其中说：“譬如田猎，射御贯则能获禽。若未尝登车射御，则败绩厌覆是惧，何暇思获。”这是说，如果平时没有登车射御的训练，在田猎时就有车子翻倒的危险。在这里“败绩”纯指车不能行。又《礼记·檀弓上》：“鲁庄公及宋人战于乘丘。县贲父御，卜国为右。马惊，败绩，公队，佐车授绥。公曰：‘末之，卜也。’县贲父曰：‘他日不败绩而今败绩，是无勇也。’遂死之。”乘丘之战鲁胜而宋败，则此言败绩非谓战败可知。这里很明确是说马惊车翻，把鲁庄公摔下来，庄公责备卜国，而县贲父答以败绩应由御者负责。由此可知，“败绩”就是车不能循迹而行，故辙乱而颠覆的意思。《曹刿论战》中“吾视其辙乱……故逐之”，这句话正是形象地写出了“齐师败绩”的情况。这样来理解“败绩”，对长勺之战的具体状况就可以有一个形象的了解。教师虽不必把训诂得来的过程告诉学生，但在释义时，就可以胸有成竹，持之有据了。

不只是文言文的解释需要运用训诂，很多课文中的成语，也需运用训诂才能解释得通达流畅，还其本义。如《红楼梦》

第二回“冷子兴演说荣国府”中，引用了“百足之虫，死而不僵”的成语。“僵”字如何解释，一般人都想当然地以为当“硬”字讲。这是由于人们不明“僵”的古义，只好从今义逆古义，不顾“僵”与“百足”的联系，也不管冷子兴引用这一古语的用意所在。要想准确地解释这一成语，从而弄清冷子兴的准确用意，只有从训诂着手。

《说文·人部》：“僵，偾也。”（小徐本作“僵，偃也”。）许慎这个训释是根据《尔雅·释言》“毙，踣（bǒ）也；偾，僵也”的说法。即郭璞注所说的“毙踣是前覆、偾僵为却偃”。其实前覆与却偃都是倒下，义本通。故《说文·足部》：“踣，僵也。”并引《左传》：“晋人踣之。”（《襄公十四年》）又《走部》：“趞，僵也。读若匐。”踣与趞同字，即《尔雅》之“踣”。知前覆也叫“僵”，就是趴下。曹冏的《六代论》说：“百足之虫，至死不僵，以扶之者众也。”这才真正反映了“死而不僵”的含义。在古书中“僵”作前覆讲是常用义，如《战国策·秦策四》：“韩魏父子兄弟接踵而死于秦者百世矣……头颅僵仆，相望于境。”僵、仆连用，说砍头而死，用头颅前覆来形容。又如《孙子算经》、《夏侯阳算经》都有“一纵一横，百立千僵”的话，讲的是算筹放置的方法：百位数立着摆（百立），千位数趴着放（千僵）。这样解释之后，方可理解冷子兴引用它说明荣府家虽败落，尚未塌架，是十分生动形象的[①]。

又如中学语文课本《叶公好龙》一课中“于是天龙闻而下之，窥头于牖，施尾于堂”这句话，如果只讲成“龙头在窗户那里探看，尾巴拖在堂上”，则对于作者所写天龙所居的位置解释含混，不能使学生得到明晰的印象。须知古代的建筑是前堂后室。《仪礼·聘礼》贾公彦疏云：“凡庙之室堂皆五架，栋南北皆有两架，栋北一架，下有壁，开户。”《说文·木部》：“栋，极也。”段玉裁注：“极者，谓屋至高之处……五架之屋正中曰栋。”由此可知，在栋北那一架的下面有一道壁，壁的北面是室和房，壁的南面就是堂。在壁上有户。凡入室必由堂，所以孔子在评论子路时说，“由也，升堂矣，未入于室也”。至于牖，则是在壁的西面所开的窗户。《说文·户部》：“扆，户牖之间谓之扆。”段玉裁注：“凡室户东牖西，户牖之中间是曰扆。”这样，我们把牖和堂的部位弄清楚了，也就明白天龙是怎样“窥头于牖，施尾于堂”了。

由此可见，从更高的要求上说，语文教师学习训诂实为必要。

---

① 此实例为友人谢栋元在教学中的实际体会，可证训诂对语文教学的重要作用。

（五）训诂在汉语科学研究和发展中的地位和作用

训诂学曾经一度是文献语言学的总称，而古代语言的面貌必须通过大量的文献才能被如实地描写出来。所以，古代汉语和汉语史的研究，是离不开训诂学的。

首先，前面已经说过，在训诂学尚未从注释书中独立出来、小学附属于经学的时期，有关古汉语文字、语音、词汇、语法、修辞、篇章结构等的资料，都是零散地保留在注释书和工具书中的。对古代汉语的研究，不可能脱离这些资料。同时，只有把不同时期的语言加以综合比较，才能看出语言发展的历史。所以，汉语史的研究也离不开这些资料。从这个意义上来说，训诂学绝不简单地等于语义学，它其实包括了古代汉语研究的各方面的内容。

我国传统语言学的研究，走的是一条从实际语言材料出发的道路。因此，它是从汉语的特点出发的。比如，在语音方面，由于汉字是音节符号，古代音韵学的研究，首先从《诗经》的押韵开始，对《诗经》的韵字进行系联，同时参照形声字的声旁和一些并不完善的记音方法，归纳出声纽和韵部，然后进一步审音，求得声、韵、调的音值。在词汇方面，人们利用汉字的字形和散见的训诂资料，做过各方面的工作：有的从词义的相同方面，进行过同义词的归纳，如《尔雅》；有的从汉字的形旁出发，做过同类（义类）词的归纳，如《说文解字》；有的从语音和文献语言的考证出发，做过同源词的归纳，如章炳麟先生的《文始》……在做这些研究时，语言学家们综合出“以形说义”、“以声求义”、“以本义统帅引申义”等方法，试图把语言中最活跃的要素——词汇在一定的法则下统帅起来。在语法方面，我国古代虚词的研究十分盛行，结构、词序、词类的概念也早已产生。由于汉字是音节符号，或会掩盖一部分语法形式表现的语法范畴，所以传统语法学的研究，总是把训诂和语法紧密结合起来的。汉语修辞学、风格学的研究更需从汉语的实际出发。在这些学科的研究中吸收国外语言理论和科学的方法是非常必要的，但如不去认真吸取传统语言学的研究成果，只是生搬硬套外国的东西，是一定行不通的。比如，关于词义发展的理论，我们不能只注意词义引申的结果是概念外延的扩大、缩小，或概念内涵的转移；更重要的是，要总结归纳汉民族词义引申的各种具体规律，这就需要运用训诂，考察词语意义发展的具体过程。因此，研究整理前人的文字、音韵、训诂之学，是发展近代汉语科学的一个必不可少的条件。

关于这个问题，涉及到语言学史中许多问题的研究，这里就不详谈了。

除以上提出的五点外，训诂学对文献校勘学、目录学、考古学研究的影响，也是显而易见的。

综上所述，今后训诂学的发展，一方面要继承前人，用注释书和工具书的方式，进行具体的训诂实践，使古代文献中的语言文字障碍进一步得到扫除，从而推动批判地继承古代文化遗产的工作；另一方面，要在前人已总结出的训诂理论和经验的基础上，运用科学的方法，使其理论化、系统化，发展为一门具有汉民族特点的语义科学。

后　记

我在一九六四年曾给《语文小丛书》写过一本《训诂浅谈》。当时由于时间仓促，又有字数限制，所以内容过于简略，疏漏和错误之处都不少。现在我在原书的基础上进行了改写，补充了必要的材料，纠正了原有的错误，增添了一些新的篇章。从训诂学上说，这本书仍然谈的是一些基本的知识；从内容上说，这本书又比《训诂浅谈》增多了两倍，所以名之曰《训诂简论》。

在这本书的写作过程中，得到了郭崇元同志的协助；又蒙王宁同志将本书的材料重新作了编排，条分缕析，仰力实多；许嘉璐同志也提供了许多宝贵意见。在此一并致谢。

训诂学对于阅读我国古代文献，研究汉语的发展历史，掌握汉语的语言规律，都是一门十分重要的学科。前人在这方面已经做了大量的工作，尤其是清代的训诂学者更是作出了重大的贡献。遗憾的是，迄今还没有一部专门的著述对他们的成就进行科学的分析与系统的总结。我有志于此，准备与人合作，用几年的时间再写一部内容比较全面和深入的训诂学的书，献给我国学术界的同志和广大的语言工作者。我想在今天的条件下，这个宿愿是一定能够实现的。

作　者

1979年3月

国家新闻出版广电总局
首届向全国推荐中华优秀传统文化普及图书

大家小书书目

国学救亡讲演录	章太炎　著　蒙　木　编
门外文谈	鲁　迅　著
经典常谈	朱自清　著
语言与文化	罗常培　著
习坎庸言校正	罗　庸　著　杜志勇　校注
鸭池十讲（增订本）	罗　庸　著　杜志勇　编订
古代汉语常识	王　力　著
国学概论新编	谭正璧　编著
文言尺牍入门	谭正璧　著
日用交谊尺牍	谭正璧　著
敦煌学概论	姜亮夫　著
训诂简论	陆宗达　著
金石丛话	施蛰存　著
常识	周有光　著　叶　芳　编
文言津逮	张中行　著
经学常谈	屈守元　著
国学讲演录	程应镠　著
英语学习	李赋宁　著
中国字典史略	刘叶秋　著
语文修养	刘叶秋　著
笔祸史谈丛	黄　裳　著
古典目录学浅说	来新夏　著
闲谈写对联	白化文　著
汉字知识	郭锡良　著
怎样使用标点符号（增订本）	苏培成　著
汉字构型学讲座	王　宁　著

诗境浅说	俞陛云　著
唐五代词境浅说	俞陛云　著
北宋词境浅说	俞陛云　著
南宋词境浅说	俞陛云　著
人间词话新注	王国维　著　滕咸惠　校注
苏辛词说	顾　随　著　陈　均　校
诗论	朱光潜　著
唐五代两宋词史稿	郑振铎　著
唐诗杂论	闻一多　著
诗词格律概要	王　力　著
唐宋词欣赏	夏承焘　著
槐屋古诗说	俞平伯　著
词学十讲	龙榆生　著
词曲概论	龙榆生　著
唐宋词格律	龙榆生　著
楚辞讲录	姜亮夫　著
读词偶记	詹安泰　著
中国古典诗歌讲稿	浦江清　著 浦汉明　彭书麟　整理
唐人绝句启蒙	李霁野　著
唐宋词启蒙	李霁野　著
唐诗研究	胡云翼　著
风诗心赏	萧涤非　著　萧光乾　萧海川　编
人民诗人杜甫	萧涤非　著　萧光乾　萧海川　编
唐宋词概说	吴世昌　著
宋词赏析	沈祖棻　著
唐人七绝诗浅释	沈祖棻　著
道教徒的诗人李白及其痛苦	李长之　著
英美现代诗谈	王佐良　著　董伯韬　编
闲坐说诗经	金性尧　著
陶渊明批评	萧望卿　著

古典诗文述略	吴小如　著
诗的魅力 ——郑敏谈外国诗歌	郑　敏　著
新诗与传统	郑　敏　著
一诗一世界	邵燕祥　著
舒芜说诗	舒　芜　著
名篇词例选说	叶嘉莹　著
汉魏六朝诗简说	王运熙　著　董伯韬　编
唐诗纵横谈	周勋初　著
楚辞讲座	汤炳正　著 汤序波　汤文瑞　整理
好诗不厌百回读	袁行霈　著
山水有清音 ——古代山水田园诗鉴要	葛晓音　著
红楼梦考证	胡　适　著
《水浒传》考证	胡　适　著
《水浒传》与中国社会	萨孟武　著
《西游记》与中国古代政治	萨孟武　著
《红楼梦》与中国旧家庭	萨孟武　著
《金瓶梅》人物	孟　超　著　张光宇　绘
水泊梁山英雄谱	孟　超　著　张光宇　绘
水浒五论	聂绀弩　著
《三国演义》试论	董每戡　著
《红楼梦》的艺术生命	吴组缃　著　刘勇强　编
《红楼梦》探源	吴世昌　著
《西游记》漫话	林　庚　著
史诗《红楼梦》	何其芳　著 王叔晖　图　蒙　木　编
细说红楼	周绍良　著
红楼小讲	周汝昌　著　周伦玲　整理

曹雪芹的故事	周汝昌　著　周伦玲　整理
古典小说漫稿	吴小如　著
三生石上旧精魂 ——中国古代小说与宗教	白化文　著
《金瓶梅》十二讲	宁宗一　著
中国古典小说十五讲	宁宗一　著
古体小说论要	程毅中　著
近体小说论要	程毅中　著
《聊斋志异》面面观	马振方　著
《儒林外史》简说	何满子　著

我的杂学	周作人　著　张丽华　编
写作常谈	叶圣陶　著
中国骈文概论	瞿兑之　著
谈修养	朱光潜　著
给青年的十二封信	朱光潜　著
论雅俗共赏	朱自清　著
文学概论讲义	老　舍　著
中国文学史导论	罗　庸　著　杜志勇　辑校
给少男少女	李霁野　著
古典文学略述	王季思　著　王兆凯　编
古典戏曲略说	王季思　著　王兆凯　编
鲁迅批判	李长之　著
唐代进士行卷与文学	程千帆　著
说八股	启　功　张中行　金克木　著
译余偶拾	杨宪益　著
文学漫识	杨宪益　著
三国谈心录	金性尧　著
夜阑话韩柳	金性尧　著
漫谈西方文学	李赋宁　著
历代笔记概述	刘叶秋　著

周作人概观	舒　芜　著
古代文学入门	王运熙　著　董伯韬　编
有琴一张	资中筠　著
中国文化与世界文化	乐黛云　著
新文学小讲	严家炎　著
回归，还是出发	高尔泰　著
文学的阅读	洪子诚　著
中国文学1949—1989	洪子诚　著
鲁迅作品细读	钱理群　著
中国戏曲	么书仪　著
元曲十题	么书仪　著
唐宋八大家 ——古代散文的典范	葛晓音　选译

辛亥革命亲历记	吴玉章　著
中国历史讲话	熊十力　著
中国史学入门	顾颉刚　著　何启君　整理
秦汉的方士与儒生	顾颉刚　著
三国史话	吕思勉　著
史学要论	李大钊　著
中国近代史	蒋廷黻　著
民族与古代中国史	傅斯年　著
五谷史话	万国鼎　著　徐定懿　编
民族文话	郑振铎　著
史料与史学	翦伯赞　著
秦汉史九讲	翦伯赞　著
唐代社会概略	黄现璠　著
清史简述	郑天挺　著
两汉社会生活概述	谢国桢　著
中国文化与中国的兵	雷海宗　著
元史讲座	韩儒林　著

魏晋南北朝史稿	贺昌群　著
汉唐精神	贺昌群　著
海上丝路与文化交流	常任侠　著
中国史纲	张荫麟　著
两宋史纲	张荫麟　著
北宋政治改革家王安石	邓广铭　著
从紫禁城到故宫 ——营建、艺术、史事	单士元　著
春秋史	童书业　著
明史简述	吴　晗　著
朱元璋传	吴　晗　著
明朝开国史	吴　晗　著
旧史新谈	吴　晗　著　习　之　编
史学遗产六讲	白寿彝　著
先秦思想讲话	杨向奎　著
司马迁之人格与风格	李长之　著
历史人物	郭沫若　著
屈原研究（增订本）	郭沫若　著
考古寻根记	苏秉琦　著
舆地勾稽六十年	谭其骧　著
魏晋南北朝隋唐史	唐长孺　著
秦汉史略	何兹全　著
魏晋南北朝史略	何兹全　著
司马迁	季镇淮　著
唐王朝的崛起与兴盛	汪　篯　著
南北朝史话	程应镠　著
二千年间	胡　绳　著
论三国人物	方诗铭　著
辽代史话	陈　述　著
考古发现与中西文化交流	宿　白　著
清史三百年	戴　逸　著

清史寻踪	戴　逸　著
走出中国近代史	章开沅　著
中国古代政治文明讲略	张传玺　著
艺术、神话与祭祀	张光直　著 刘　静　乌鲁木加甫　译
中国古代衣食住行	许嘉璐　著
辽夏金元小史	邱树森　著
中国古代史学十讲	瞿林东　著
历代官制概述	瞿宣颖　著
宾虹论画	黄宾虹　著
中国绘画史	陈师曾　著
和青年朋友谈书法	沈尹默　著
中国画法研究	吕凤子　著
桥梁史话	茅以升　著
中国戏剧史讲座	周贻白　著
中国戏剧简史	董每戡　著
西洋戏剧简史	董每戡　著
俞平伯说昆曲	俞平伯　著　陈　均　编
新建筑与流派	童　寯　著
论园	童　寯　著
拙匠随笔	梁思成　著　林　洙　编
中国建筑艺术	梁思成　著　林　洙　编
沈从文讲文物	沈从文　著　王　风　编
中国画的艺术	徐悲鸿　著　马小起　编
中国绘画史纲	傅抱石　著
龙坡谈艺	台静农　著
中国舞蹈史话	常任侠　著
中国美术史谈	常任侠　著
说书与戏曲	金受申　著
世界美术名作二十讲	傅　雷　著

中国画论体系及其批评	李长之　著
金石书画漫谈	启　功　著　赵仁珪　编
吞山怀谷 ——中国山水园林艺术	汪菊渊　著
故宫探微	朱家溍　著
中国古代音乐与舞蹈	阴法鲁　著　刘玉才　编
梓翁说园	陈从周　著
旧戏新谈	黄　裳　著
民间年画十讲	王树村　著　姜彦文　编
民间美术与民俗	王树村　著　姜彦文　编
长城史话	罗哲文　著
天工人巧 ——中国古园林六讲	罗哲文　著
现代建筑奠基人	罗小未　著
世界桥梁趣谈	唐寰澄　著
如何欣赏一座桥	唐寰澄　著
桥梁的故事	唐寰澄　著
园林的意境	周维权　著
万方安和 ——皇家园林的故事	周维权　著
乡土漫谈	陈志华　著
现代建筑的故事	吴焕加　著
中国古代建筑概说	傅熹年　著
简易哲学纲要	蔡元培　著
大学教育	蔡元培　著 北大元培学院　编
老子、孔子、墨子及其学派	梁启超　著
春秋战国思想史话	嵇文甫　著
晚明思想史论	嵇文甫　著
新人生论	冯友兰　著

中国哲学与未来世界哲学	冯友兰　著
谈美	朱光潜　著
谈美书简	朱光潜　著
中国古代心理学思想	潘　菽　著
新人生观	罗家伦　著
佛教基本知识	周叔迦　著
儒学述要	罗　庸　著　杜志勇　辑校
老子其人其书及其学派	詹剑峰　著
周易简要	李镜池　著　李铭建　编
希腊漫话	罗念生　著
佛教常识答问	赵朴初　著
维也纳学派哲学	洪　谦　著
大一统与儒家思想	杨向奎　著
孔子的故事	李长之　著
西洋哲学史	李长之　著
哲学讲话	艾思奇　著
中国文化六讲	何兹全　著
墨子与墨家	任继愈　著
中华慧命续千年	萧萐父　著
儒学十讲	汤一介　著
汉化佛教与佛寺	白化文　著
传统文化六讲	金开诚　著　金舒年　徐令缘　编
美是自由的象征	高尔泰　著
艺术的觉醒	高尔泰　著
中华文化片论	冯天瑜　著
儒者的智慧	郭齐勇　著
中国政治思想史	吕思勉　著
市政制度	张慰慈　著
政治学大纲	张慰慈　著
民俗与迷信	江绍原　著　陈泳超　整理

政治的学问	钱端升 著 钱元强 编
从古典经济学派到马克思	陈岱孙 著
乡土中国	费孝通 著
社会调查自白	费孝通 著
怎样做好律师	张思之 著 孙国栋 编
中西之交	陈乐民 著
律师与法治	江平 著 孙国栋 编
中华法文化史镜鉴	张晋藩 著
新闻艺术（增订本）	徐铸成 著
经济学常识	吴敬琏 著 马国川 编

中国化学史稿	张子高 编著
中国机械工程发明史	刘仙洲 著
天道与人文	竺可桢 著 施爱东 编
中国医学史略	范行准 著
优选法与统筹法平话	华罗庚 著
数学知识竞赛五讲	华罗庚 著
中国历史上的科学发明（插图本）	钱伟长 著

出版说明

“大家小书”多是一代大家的经典著作，在还属于手抄的著述年代里，每个字都是经过作者精琢细磨之后所拣选的。为尊重作者写作习惯和遣词风格、尊重语言文字自身发展流变的规律，为读者提供一个可靠的版本，“大家小书”对于已经经典化的作品不进行现代汉语的规范化处理。

提请读者特别注意。

北京出版社